Canon 7

# 10年後的台灣

楊照◎著

【目次】

## 第三章　民主的挑戰　117

第四章　喚醒迷惘的社會　163



第五章　從集中到多元分散的台灣經濟　209

# 自序

楊照

## 1.

我曾受過多年的學院歷史訓練，然而現在從事的卻是新聞工作。

歷史與新聞，這兩者之間當然會有衝突。

雖然有人喜歡將歷史與新聞拉在一起，說「今天的新聞，是明天的歷史」一類的話，不過我切身體驗、心知肚明，今天的新聞不會眞的變成明天的歷史，充其量只會是「明天的掌故」。

「掌故」和歷史還是有距離。掌故片段、瑣碎，雖然充滿了驚訝傳奇的趣味，能夠跨越時光仍然保持其趣味娛樂性，然而掌故就不是歷史，只能是歷史的邊緣殘餘。

因爲歷史擺脱不了判斷，擺脱不了「重要性」中心論旨。眾多紛紜的人類過往歷程，我們不可能留存全部、記錄全部，更不可能敘述全部。只能選擇其中最重要最關鍵的。

改變時代、改變人類經驗最大的力量在哪裡，歷史就選擇記錄什麼、描述什麼。有一段時期，人們相信偉大英雄創造風潮、引領變化，於是那個時期的歷史就集中彰顯偉人的事蹟。換一個時期，人們相信政治鬥爭、戰火衝突才是決定眾人命運的主軸，歷史就轉而大書特書不同君王們打過的重大戰役，是輸是贏、是成是敗。

法國「年鑑學派」之所以成立，因爲有一群史家相信：社會習俗、儀式、組織，經濟生產與分配的模式，乃至於自然環境加諸於人與文化的種種限制，這些才是決定人類存在意義眞正的因素。於是在他們寫的歷史書裡，沒有了英雄、沒有了轟轟烈烈的事件，取而代之的是長時間緩慢變化的「結構」。

「微型歷史」、「底層歷史」的興起，則是因爲另外一群史家們相信：任何一個歷史時期最重要的個性與特色，不會由英雄偉人、君王將軍來代表，這些人都是「特例」。

老是放大看這些「特例」，我們就和歷史的「正常」脫節了。眞實的、重要的人類經驗存在「正常」裡。他們主張：我們應該去挖掘一般「平凡」人物的生活，從底層人民而非上層統治階級的角度，重新整理歷史。

不同觀點主導下，會寫出很不一樣的歷史。然而貫串這些不同，畢竟還是有歷史學家無論如何不能放棄的使命——找出重要的主題，書寫詮釋曾經發生過的重要人類經驗與意識。

新聞工作也在判斷，也要不停判斷什麼重要什麼不重要，什麼值得成爲新聞什麼不值得報導。然而新聞評斷認爲重要的、值得今天當下社會留心瞭解的，除了極少數例外，大概都通不過時間的考驗，等時間累積到成爲歷史時，百分之九十以上的新聞都失去了「重要性」，頂多只剩下一點「娛樂性」了，也就是，頂多只能成爲掌故流傳下來。

時間，是的，不同時間單位，勢必讓我們對於什麼重要什麼不重要，產生不同的判斷。

## 2.

我經常游移猶豫在新聞與歷史之間。

說老實話，新聞工作對我最大、最困難的挑戰，常常是如何說服自己：正在眼前發生的這件事夠重要，重要到應該投注一切人力與資源去追趕。

有一種眞正具「新聞性格」的人，只要聽到一點風聲，馬上會像在下風處嗅到狐狸氣味的獵狗般，全身腎上腺素大量分泌，立刻備戰馬上出擊。這種人只要追到找到任何訊息，就興奮不已；反過來，要是漏失了什麼樣內幕變化細節，就挫折沮喪。

我沒有辦法這樣做新聞。因爲內在歷史學訓練那部分，會不斷地跳出來干擾，一直問：「有這麼重要嗎？」

新聞的工作習慣，使我保持大量吸收現實訊息的生活步調，需要隨時知道政治、經濟、社會、文化各個層面，正在發生什麼事、冒湧出什麼現象。歷史的思考模式，卻又讓我隨時保持一個比較長遠的時間架構，將眾多訊息依照其重要順序，一一排比歸架。

我沒有辦法一視同仁地追逐新聞，今天頭條是小客車在高速公路連環追撞，明天的頭條成了美國發動伊拉克戰爭，對這兩條新聞用同等熱情花同樣力氣來報導，把它們報導得一般聳動。我也沒有辦法做完今天的新聞，就把它丟到一旁，空出腦袋和手腳，準備迎接明天的新聞。

我一直在排比新聞，也一直在累積新聞資訊，換言之，我一直在做台灣新聞同行不太做的事——從新聞中整理出意義來。

不是現實意義，而是歷史意義。有時候，我會清楚看出自己的徒勞，與一點點荒謬。用一種未來的史家的角度，在看現實台灣，不時地問：一百年後回頭看，還有什麼是重要的？一百年後，會怎樣詮釋這個事件、這段過程？

一百年後？我哪會知道一百年後怎樣！

可是另外一些時候，我又會轉換心態，比較樂觀地看到，自己在新聞與歷史的不停跳躍，應該有其可以發揮、應該作用的功能。

那就是提供一種「未來歷史」的視野，用「未來歷史」來檢驗現實，對現實提出警告，要求現實該爲未來做準備，不該懵懵懂懂、迷迷糊糊地等待未來降臨。

## 3.

寫《十年後的台灣》，花掉我遠較預期多了好幾倍的時間。寫好的稿子一修再修，還有一些整節整節作廢重寫。

逼著改寫的力量，來自於新聞與歷史的角力，一邊思考「十年後的台灣」，一邊現實台灣的變化毫不停留地一波波沖激著。於是一次次從新聞那端發出呼喊：「寫這個！」「寫這個！」「這個不能不寫！」

「扁宋會」該寫吧？「和艦案」該提一提吧？更不用說中共的「反國家分裂法」立法了吧！那還有「三一九周年遊行」、「三二六反反分裂遊行」呢？國民黨主席的王馬之爭呢？

必須承認，把現實新聞寫進去的動機很強。一方面是現實新聞可以拿來驗證我爲「十年後台灣」建構的想像過程；另一方面現實新聞當然也是對這套想像的考驗。

要預測十年後的台灣，爲十年後的台灣提前做準備，總得證明那個十年後的圖像符合現實事件的發展吧？

被現實新聞牽拉著，使我不得不一再增刪已經成稿的章節。可是等到各章各節都充滿現實新聞相關討論，看來幾乎像是另一本即時追趕熱鬧事件的新聞評論集時，我又驀然後悔怎麼讓那歷史性、長時間單位的思考失焦了。

只好重來，再把大部分新聞從書中趕出去，回到寫這本書眞正的原點——讓台灣有機會提早爲十年後的境遇做準備，看看十年時間，如果提早走不同路做不同準備，台灣可以躲掉哪些危險？台灣人能多創造出哪些幸福來？

回到原點，堅守原始的用心與構想。

4.

**我們失去了替未來做準備的習慣，「未來思考」在這個社會快速消逝中，**這是最原始的憂慮。

以前的台灣不是這樣的。我成長的那個年代，台灣充滿了未來焦慮，也到處可見計畫性衝動。每一個做父母的，從小孩一出生，就迫不及待幫他們規畫一生的道路，應該要幹怎樣的行業，成爲什麼樣的人。小孩從小到大，一次又一次在作文課上，正經八百地書寫「我的志願」，一次又一次在各種資料檔案上塡寫「對於未來的願望」。政府最重要的施政指導原則，都寫在一回又一回的「五年計畫」中。「計畫經濟」、「計畫社會」是思考的主流。

這種「計畫性」思考，帶有非常強烈的家父長權威色彩。在計畫背後，隱約閃爍著兩股意念與信念：第一、我有辦法控制未來；第二、老子有權力決定你們的未來。

不幸的，意念、信念不是事實。七〇年代、八〇年代，一波波的變化，幾乎都不在政治和家庭內的父長權威預期中，計畫歸計畫，眞正出現的狀況卻完全兩回事。家父長式的權威一步步垮掉了，導致計畫性思考一併被摒棄了。

的確，在自由且變動快速的環境裡，誰也別假裝自己那麼聰明、那麼了不起，可以掌控一切，用近乎實驗室的態度，照計畫打造出未來的社會。可是放棄高高在上的「計畫者」的態度，卻不意謂著我們就不再想像未來、思考未來。

與現實隨波逐流，靠臨場應變能力見招拆招，這種心態籠罩了台灣。這種心態帶來了台灣社會靈活調整的本事，然而這種心態卻也使得台灣預見危機、避開危機的能力，日益下降。

政治上民主化、政黨輪替，更惡化了這種隨機性。突如其來的政黨輪替，在台灣產生了極端不稱職的執政黨與反對黨。執政黨像反對黨，反對黨則還活在當執政黨的過去幻夢中。執政的，想的都是下次選舉怎樣奪取更多選票，對於下次選舉之後，更長遠的國家發展，沒興趣也沒辦法。反對黨不懂得如何監督制衡執政者，停滯在自己過去的成績與榮光裡，結果也同樣對未來沒興趣、沒辦法。

這是個卡死在現實中，脫不了身的社會。這是個把所有精神精力都耗費在現實上，不懂得為未來做任何儲備的社會。用《伊索寓言》的故事比擬，這是個「蚱蜢型」的社會，夏日歡唱享樂，完全不去想冬天來了該怎麼辦。遇到為冬日存糧努力流汗的螞蟻，蚱蜢還要擺出鄙夷的表情，說幾句嘲諷的話。

可是就算要被鄙夷、要被嘲諷，這個社會也還是該有人堅持做做螞蟻吧！努力將夏日豐富食物省下來搬進洞裡去的螞蟻，並不覺得自己聰明、了不起地在「控制」未來。不，牠們只是預見了冬天會冷、食物要變少，所以今天就該提早做準備。

我們可以不相信未來能計畫、過程能控制，卻不應該因此就放棄幫未來做任何準備。不必講得太遠，不必想要替子孫們做怎樣怎樣的犧牲，光想想大部分人都會要經歷的「十年後」就好了嘛！我們有爲「十年後的台灣」、「十年後的自己」做怎樣的規畫與準備嗎？

5.

要預做準備，當然就得找出缺失與危機來。

和許多人想法不同，我在書中特別要強調的，是我認爲**台灣最大的危機不在於中共武力犯台，而在於快速地從全球化世界體系中被邊緣化**。

不管是十年前《一九九五閏八月》掀起的風潮，或最近中共「反國家分裂法」激發的情緒，都指向中共武力犯台的恐怖。

沒有人敢斷言中共會或不會動用武力來「完成祖國統一大業」。畢竟中共擁有強大的軍隊，海峽兩岸軍力逐漸失衡，再加上中共有其內部政治因素，台灣又不斷在統獨議題上擺出挑釁姿態，這些都使得兩岸情勢不時緊張。

不過回頭看，兩岸這種不正常、不合理的主權狀態，早在一九四九年就形成了。換句話說，中共方面的「祖國統一」議題，懸宕了半個多世紀，而且經歷了從毛澤東、鄧小平、江澤民到胡錦濤四代領導人。

毛澤東、鄧小平都曾經明確表達過希望看到「中國統一」的強烈意願。可是在他們統治權力最高峰時，這兩個人都沒有認眞做過出兵台灣的打算。

不是他們對台灣仁慈，不是因爲渡海作戰沒有必然的勝算，眞正的原因在：台灣不單只是孤立飄浮在海上的小島，台灣是複雜世界體系中的一環，再怎麼蠻橫霸道的中國及其領導人，再怎麼激動凶狠的中華民族主義，不可能眞正對世界體系會有的反應，視若無睹。

讓我們別忘了，中國的民族主義，是從反覆的歷史挫敗中誕生的。列強欺凌，幾乎亡國滅種的苦痛，構成了中國民族主義背後的集體記憶。中國共產黨奪權後，之所以向蘇聯老大哥「一面倒」，因爲要靠老大哥來抵禦西方帝國主義者。中國共產黨奪權後，之所以長期封閉鎖國，因爲不想讓人民明瞭世界變化，在比較中喪失了民族自信與民族主義熱情。

沒有對台灣動武，是受到世界局勢牽制。幾十年的冷戰架構下，台灣是美國集團在東亞布局的一部分，牽一髮將動全身，何況台灣對美國而言，還不只一髮。

纏捲在世界體系中，與世界其他國家、其他組織發生密切關係，老實説，才是過去幾十年台灣最好的安全保障。不管做爲美國冷戰策略中的一環、做爲世界貿易上夠分量的成員，這樣的台灣，都有讓中共不能任意動武的條件。

中共口口聲聲宣稱台灣是「內政問題」，可是他們沒有任何時刻眞正用「內政」心態看待台灣。他們一直清楚瞭解，也一直耿耿於懷台灣背後複雜的國際、世界因素。中共對台動武的底限，向來都要列出「外國勢力介入」，其實正顯示了他們的焦慮，他們知道「外國勢力」一直都在，必須不斷恫嚇警告將「外國勢力」阻擋在一條想像的、象徵性的界線之外。

中共並沒有被民族主義沖昏頭，看不見台灣和世界之間的關係。民族主義只是扭曲了他們看到的圖像，他們認爲台灣是美國的傀儡，順應牽在美國手裡的絲線一拉一動。他們無法如實理解：台灣和世界之間的互動，不只有美國一條單線關係而已。那是一片歷史所構成的網絡，台灣存在、活在網絡中。

只要我們繼續在網絡中，只要我們繼續在這網絡裡占有一席之地，中共就很難訴諸武力解決「統一問題」。

怕就怕，我們自己看不清這片網絡，尤其當網絡發生變化時。怕就怕，我們自己從這片網絡中撤離出來，選擇孤零零地面對中國。當台灣不在國際網絡中，而是孤零零存在時，那才是最危險的。

最近十幾二十年，這片國際網絡最大的變化，就是中國的積極參與。從政治戰略上的參與到經濟生產上的參與，再到市場消費上的參與。

中國參與，一方面改變了這片網絡，另一方面當然也改變了中國。中國和國際網絡越纏越緊，事實上是使得中共行事的獨斷空間越來越小。他們越來越不可能不考量自己在世界體系間的位置，也就越來越不可能放棄參與世界體系帶來的利益與成長。

換一邊看，中國也迫使世界體系不再能忽視它。世界網絡裡發生的變化，受到「中國因素」越來越強的牽扯。中國的形象越來越明顯、越來越巨大。

這幾年，光從現實上去反應，我們看到台灣的兩種極端。基於商業貿易考慮的，惟恐落後地撲向中國。基於政治權力考慮的，反向惟恐不及地要跟中國拉開距離。

政治上和中國拉開距離，必然帶來的一個效果，大家都感受到的，就是逼那些奔向中國的利益逐浪者，做或中或台，非此即彼的選擇。不過在此時此刻和中國拉開距離，還會帶來另一個效果，那就是台灣也同時和中國深陷其中的世界網絡越離越開了。

**在世界體系中邊緣化，做爲厭惡中國、抵禦中國的代價，很可能會讓台灣越來越沒籌**

**礙、沒條件抵禦中國，這是台灣現實處境最大的弔詭，也是最大危機所在。**

## 6.

把眼光拉遠了，才能看出：短暫激情「愛台灣」的路線，帶來的是讓台灣從世界中解鈕失落，反而無力取得對付中國侵犯的保護。把眼光拉得更遠，如果台灣在這條路線上走得更遠，會走到一個點上，台灣不再具有任何值得人家覬覦的條件、沒有任何值得被珍惜的價值，那時候，恐怕中共也無心無興趣要攻台統一了。說得誇張、極端一點，再這樣搞下去，台灣將逐漸「北韓化」，用自我隔離、封閉來取得所需的「安全感」。

這是誇張的危言聳聽嗎？我希望是。可是仔細看一看：強大民粹主義對領導人盲目的支持；媒體對執政者的批判空間被用各種方式威嚇取消；將「本土」無限上綱到排除所有外來、異質社會文化成分；神聖化「革命」經驗來挖取擴張權力、進而整肅政敵；整個社會在僵化的教育系統中喪失了獨立判斷能力；知識不受尊重、原創活力遭到箝制……這一連串的現象，北韓都有，哪一樣台灣沒有？

**阻擋住將台灣封閉起來的趨勢**。努力將台灣拉在世界網絡之內，不要向邊緣孤立情境流離出去。**保存台灣好不容易擁有的多元異質性，拒絕一元同質的壓迫性力量**。這是《十年後的台灣》貫串全書的主要三大用心。

要使得十年後，二〇一五年的台灣，不至於成爲悲劇或鬧劇一場，我找到的第一道挑戰關卡是：**台灣人能不能擺脫惰性，擺脫目前製造著無奈與無力感的連環套？**歷史是沒有給台灣太好的環境條件，我們明明不是個大國，卻抱持了好久的大國心態。我們做不來大國大剌剌的事業，卻又不能安於小國寡民的命運。再加上威權與民粹的相煎逼激，不只是中道理性在台灣無法生根，而且各種非理性、情緒化的力量，互爲因果、惡性循環。

這是個大家都覺得無能爲力、到處充滿「輸家情結」的奇特社會。大家都覺得被自己不能認同的力量牽著走，無法反抗更無法逆勢扭轉。各行各業、各個領域，無不如此。

我們必須打破這種惡性循環的思考，創造出新願景的起點。應該有個正面、樂觀的氣氛可以說服台灣人：我們有權利，也有機會打造更好的生活、更安全更舒適的環境，不必一直只是忍耐忍耐。國家前途在某個部分上和股票市場一樣——預期可以創造事實，事實不可能走和預期相反的方向。當大家相信台灣帶衰倒楣時，台灣是不可能振作向上的。而要大多數人願意向上振作，得先讓他們看到，並且相信，那向上的道理的確是存在的，而且路上的確鋪著金光，通往溫暖繁華的所在。

我另外找到，台灣必得通過的第二道關卡是：**我們能不能提昇沉淪中的生命與文化品味**？別以爲品味是什麼消費奢侈，品味，好的品味，是人之所以爲人的基本大特色，品味就是選擇、有所選擇才能有所珍惜，有什麼樣品味，做怎樣選擇，就意謂著我們願意付出去追求什麼、保護什麼。

缺乏品味的人群，不只無能創造出什麼值得別人肯定的文明成就，得不到尊重，甚至也沒本事辨識出自身眞正的好與壞。沒有品味，沒有什麼是提昇什麼是沉淪的標準，落到錯以沉淪爲提昇的荒謬地步，這種國家這種社會要如何提昇？

沒有品味，也就沒有自尊。台灣正陷於沒有自尊的混亂裡，沒別的途徑，我們只能從重新認識人類文明的美好、深沉理性智慧的成就，拓展自己的眼光，厚植未來品味與自尊的基礎。

還有第三項關鍵挑戰，那就是**台灣能不能不要蔽帚自珍，面向世界大膽開創**？

「本土化」是讓我們踏實自我認識的工具，不應該變成封閉檢驗的戒尺，拿來斤斤計較什麼是自己的，只能抓住自己的，排斥別人，也沒有企圖心去影響別人。

大膽開創的反面就是吝嗇。吝嗇的重要來源，不正是台灣歷來的「減法」心態嗎？鄭成功要「減掉」荷蘭人的記憶，清朝「減掉」鄭成功的，日本人「減掉」清朝的，國民黨「減掉」日本人的，民進黨「本土派」再不遺餘力「減掉」國民黨的歷史。一路減下來，還剩在手上的，當然很少了，能不吝嗇以待嗎？

沒有守財奴能變富翁的，事實上沒有守財奴最後眞能守得住有限財產的。大開大闔，放寬胸襟，大量吸收多元認同，台灣人才能擺脱抄襲模仿的文化習慣，眞正創新創造在世界上占一席之地。

爲了闡明這些「爲未來做準備」的方向，這本書除了第一章從歷史舉例説明「十年遠見」的眞實意義外，第二章到第六章，則分別針對兩岸關係、民主政治、社會文化、經濟產業和國家體制，不同面向進行思考。對於這些不同面向有特殊關懷的讀者，不妨集中選讀。

至於〈序章〉和〈終章〉，則是我能想像的兩種二〇一五年台灣圖像。一是假設我們什麼準備都不做，那麼十年後會面對什麼樣的大局？另一種則是假設，如果我們眞能找出對的方法，做好準備，那麼，十年後台灣雖然不會變成天堂，卻有機會蛻化成爲充滿美麗、平和、繁榮的健康社會。

提出我的「十年遠見」思維，爲的是讓更多「十年後台灣」的討論與想像成爲可能。多元想像才能創造我期待、我夢想的多元未來。

序章

# 二〇一五年一月一日

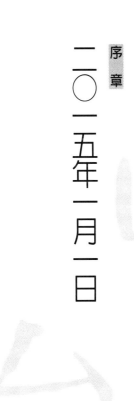

二〇一五年開年第一天，各新聞台SNG車聚集在桃園中正機場，記者們一字排開同時做連線，報導政府出境管制新辦法第一天實施的狀況……

前一年年底北高市長選舉，氣氛緊張，尤其是高雄市的選戰中，爆發的熱門議題就是——如何防堵「非台灣人」、「不愛台灣的人」掏空台灣。

二〇一四年，台灣人口再度呈現負成長，全年新生兒總數降到只有十六萬四千多人，根本不必去算死亡人口，一年內光是出走移民，不再回來的，就高達十二萬人。伴隨此現象發生的，是全年資本淨流出，高達十二億美金。

## 預算爭議政府停擺

選舉前，立法院再度爆發激烈衝突。原本五月底就該審完的二〇一五年總預算，遲遲無法定案。執政黨提出的預算，將使得國家總負債額度到達全年國民生產毛額的百分之一百二十六。而且即使如此，公債發行計畫能否籌到這麼多錢，都還非常可疑。反對黨強力杯葛該項預算案，於是執政黨索性讓議事停擺，終於出現有史以來第一回，政府發不出薪水來的情況。執政黨的算盤是：軍公教人員的憤怒將使反對黨在北高市長選舉大崩盤。

反對黨緊急表達願意協商先發薪水，但無論如何不能讓實際使國家破產的預算案草率通過。於是幾個月內，公務人員薪水領到了，然而除了最基本的日常運作外，其他一切停擺。

選前大衝突的導火線，是財政部長在立法院表示：國家財政就是被那些「不愛台灣」的人拖垮的，並且舉外移人口與外流資本做爲例子。反對黨指責政府把自己的失敗賴在「用腳投票」的人身上，換得執政黨委員一句「反正你們主席香港腳早就在癢了」的風涼話，終於弄到雙方拳腳相向……

立法院衝突第二天，執政黨的高雄市長候選人，在政見會場呼籲，利用這次選舉，同時辦「『反背叛法』公投」，用全民意志決定——那些不愛台灣的人要走可以，財產得留下來。

執政黨中常會很快議決，全力推動「『反背叛法』公投」。反對黨陣營面對此舉，一時亂了陣腳。有人主張要強烈反對，可是也有人擔心如果表態反對，會被貼上「背叛」、「準備落跑」的標籤，那明年豈不就不必選了？結果，案子送到立法院，執政黨甲級動員、以黨紀侍候，反對黨卻出人意外地在最後一刻決定開放投票，於是「『反背叛法』公投」正式上路。

本來只牽涉北高兩市的選舉，這下子擴展成全國大騷動。有人大力宣傳這將是「南部人出頭天」的好機會，反正南部人本來就窮，又認同鄉土，中共來打都不會離開了，「反背叛法」只會影響到那些有錢的台北人，「反背叛法」等於是給台北人大將一軍——如果他們要走，財產沒收就可以解決國家財政問題；如果他們選擇保護財產留下來，那就該被嚇得乖乖，以後不會再唱衰台灣了！

## 中國與美國都失去了興趣

「『反叛背法』公投」當然引起許多人恐慌。幾年沒有露面、年近八十的「大師」跳出來，直接向對岸中國大陸喊話：「『反背叛法』就是要台灣人民表態否定中國，明明白白宣布『台獨』啦！」另外也有在台灣仍然有財產有家小的台商，積極在對岸運作，不過即使如此，中共方面還是拖了將近一個禮拜，才在國台辦例行記者會發表聲明，內容不外：「中華民族不容分裂，請台灣當局謹言慎行。」值得注意的，這場記者會上，國台辦發言人還稱病請假，由一位以前不曾和記者見過面的科長唸書面資料。一般解讀：中共正在準備全中國第一次省長民選制度草案，絕對不願台灣問題此時打擾，所以刻意冷處理再冷處理。

「台灣企業家協會」也跳出來，一方面表明立場絕不會背叛出走，一方面質疑「反背叛法」無法執行。許多公司與個人資產已經國際化，如果驟予沒收，將會侵犯到他國財產。而且台灣很多人同時具有美國或其他國家公民身分，美國會坐視台灣政府立法沒收美國人財產嗎？

針對「台灣企業家協會」意見，「美國在台協會」表示：美國政府將盡一切努力，保護美國人財產，也不排除提供管道，讓非美國籍人士合法自由財產獲得等同於美國公民的保護，不過對於任何台灣國內的公投、立法，美國不會予以干涉。

熟悉在台協會與美國國務院決策的權威人士解讀：美國過去幾度和台灣在「公投」議題上交手，已經不堪其煩。台灣政府每次發動民粹情緒的作法，更讓美國外交系統大為不滿。他們不願再成為選舉中被捲進來耍猴戲的配角，可是他們對「反背叛法」的想法，甚覺不以為然，所以若是有台灣人民基於保護財產需要，提出臨時綠卡申請，他們將盡量予以方便協助。

對岸、美國都不願再理會台灣選舉亂象的情況下，「『反背叛法』公投」最後以百分之六十一對百分之三十九獲得通過。執政黨在高市市長選舉也獲得壓倒性大勝，不過台北市長方面，反對黨候選人則囊括了七成選票當選。

台北市長當選人在慶祝當選時，卻痛哭失聲，近乎歇斯底里地對台下支持群眾大喊：「他們要把我們趕盡殺絕，只剩下台北是最後的陣地，我們不能投降，我們絕不投降！」台下群眾受到感染，也哭成一片。這真是歷史上最奇特、最悲痛的當選感言。

## 沒人注意的憲法爭議

喔，順便該提一下，在投票之前，有好幾百位大學教授連署，抗議「反背叛法」違反基本人權保障的私有財產權。執政黨黨主席被記者問到這件事時，淡淡地說：「只要他們不逃，在台灣要擁有多少財產就可以有多少！誰剝奪他們什麼權利呢？」他說話時，身邊記者都紛紛跟著點頭。

還有部分自由派律師向最高法院提出緊急釋憲案。他們主張：不能讓明白違憲的法案付諸公投，大法官會議應動用緊急處分，立即中止「『反背叛法』公投」活動。這個案子送進去後第二天，媒體拍到司法院長進入總統府，再過一天，大法官會議表示此案不受理。理由是：大法官不能一一就「疑似」違憲立法程序逕予評斷，違憲與否要等「反背叛法」眞的立法，而且執行過程中出現違憲性爭議，才屬大法官會議管轄範圍。提案律師隨後開記者會，指責大法官「瀆職」、「受政治力操控」。不過由於這場法律爭議，難度太高，從電子媒體到平面媒體幾乎都沒人願意報導，也就引發不了什麼效應。

依據公投授權，行政院內政部迅速提出草案，送立法院審查。經過多方協商折衝，爲了減輕「反背叛法」帶來的震撼程度，最後完成立法的條文中，對於「背叛者」的認定，刻意模糊其辭；對於沒收「背叛者」財產的具體方式，也模糊其辭。惟一比較明確的，其實只有加強出境管制的部分。

依照「反背叛法」規定：從二〇一五年一月一日起，凡是持中華民國護照出境者，必須隨身攜帶前一年的所得稅申報紀錄，如果在執行署或國稅局還有欠稅紀錄者，必須先行清繳。到了機場，會有人員負責檢查申報紀錄，年度總收入在兩百萬元以上者，必須當場塡具切結書，上面將明列回國入境日期，切結承諾要是在該日期後一個月內沒有回來，願意讓政府清查、沒收其名下財產。

另外，行政院經濟部提供的大陸投資資料上列名的人，如果要出境，必須先質押兩百萬新台幣本票，如果逾期未歸一週，本票就充公；一個月未歸，一樣沒收財產。

二〇一四年的最後幾天，到處都在討論「反背叛法」實施的效應。不過一般相信，應該不會有什麼多大的影響。一來，大家都會知道要在這陣子避避風頭，能不出國就先不要出國。第二，反正前幾年兩岸最緊張時，有辦法的人，年收兩百萬以上的人，大概都辦了其他國家的移民護照，不要拿中華民國護照就不會受到限制嘛！還有第三，這些管海關的人員，和其他公務員一樣，連續好幾年，年年擔心政府破產，早就養成有錢收就加減收的習慣，怎麼可能嚴格執法？

## 記者製造出來的騷動

預測是這樣預測，新聞台還是要守在機場門口做連線報導。每家報導的主調，都和預測中的不同，記者們強調：在機場感覺到氣氛緊張。然後每家都到處找對新辦法有怨言的旅客，有一個旅行團剛下遊覽車，記者擁上去，其中一個旅客對著麥克風說：「要不是團費已經繳了，不能退費，誰要在這個時候出國？搞什麼『反背叛法』！」

記者們見獵心喜，馬上用麥克風將該團團員圍住，用各種問題挑激他們講更多憤懣不平的意見，帶團的導遊想把記者推開卻推不開，又急又氣，對著一位攝影記者大吼：

「裡面衝突吵架了，你們怎麼不去拍!?」

霎時間，有一家電視台記者直覺反應，對著鏡頭用歇斯底里的聲音叫：「出事了！眞的出事了！據記者在機場現場瞭解，裡面通關人群中，有人對有關單位人員，做出了衝突的動作，現場充滿了火爆的氣氛……」

一個記者講，其他記者也都趕緊跟著講：「有衝突的動作發生了！」畫面傳回攝影棚，導播趕緊切一個分割畫面，通知主播一邊保留機場畫面，一邊讓守在證券公司的記者也連線進來，記者說：「機場眞的傳出暴動消息，來看看台北股市會受到怎樣的影響……應該會有巨大的賣壓湧現……目前快要下跌了，再一會兒就要下跌了……台北股市在三年前，受到半導體及光電業國際市場價格大跌的打擊，一口氣跌破一千點關卡，高達五分之一公司下市，大部分都是高科技公司，最近勉強維持在八百點上下震盪，會不會受機場暴動事件影響而再下跌呢……我們看到，我們看到大盤跌了！恐慌性賣壓，眞如預期出現了，投資人都在做一個賣出的動作……」

眞正守在證券市場的少數股民，其實很多人心知肚明，現在賣什麼賣！賣了會有人願意接手才怪。他們長著臉，既悲嘆又無奈認命地聊起兩年多前那場眞正恐怖的股災……

## 恐怖股災淹沒台灣

二〇一二年，台灣又捲起一陣「中共攻台」的大流言。先是美國、日本等地媒體報導，在上海世博會之後，中共中央代表會議，可能正式提案討論「懲獨促統」，藉國際注意力最低的時候，跟台灣清算過去將近十年來的帳。報導中還一定會提到：國家主席胡錦濤第二個五年任期即將在二〇一三年屆滿，看來胡錦濤有意續任，可是新生代卡位逼宮的態勢又已形成，政治上山雨欲來，誰掌握了台灣統一議題上的鷹派主動地位，顯然也就能在鬥爭中得到加分。

中共官方對類似報導，不厭其煩再三提出澄清，表示中國國家發展下一階段重點在如何取得高科技產業上自給自足，而台灣問題並不在這個重點考量中。國務院與國台辦都重申，過去幾年「促統」工作做得徹底、成功，台灣企業家都紛紛登陸參與高科技園區開發工作，中國高科技產業不管是技術或產值都突飛猛進，中國短時間內並不需要用軍事行動來對付台灣。

不過中共的官方說法，並沒有能取信還留在台灣的人。電視上一窩蜂都是算命節目，每天談的都是「中共什麼時候會打？」「中共會怎麼打？」「中共打來誰最倒楣？」「怎樣從命理上作法避開中共攻台的災禍？」……

講一講講一講，後來還出現了明確日期——二〇一三年一月十三日，台灣大凶日。算命師鐵口直斷，中共會在那天發布消息，封鎖台灣海峽，上百枚飛彈同時襲擊總統及其他重要政治領導人，軍中會有匪諜策應，癱瘓台灣國軍指揮系統。這樣的言論，在電視上竟然還得到不只一位現役將軍背書支持，弄得全國譁然。

房地產開始大跌，黃金被搶購一空。二〇一二年下半年，台灣半導體與光電大廠，發瘋般地策動了削價大競售，大家都只求變現，以便在「大凶日」來臨時應變。國際市場行情大亂，不只是台灣本身高科技業面臨崩盤，就連中國大陸的同行競爭者，也連帶大大倒楣。不跟台灣玩這種瘋狂遊戲，就一定不會有訂單，可是誰又有資本玩得起這種「沒有明天」的遊戲呢？

情勢嚴重到中共中央都不得不明白出面承諾：不只是二〇一三年不會攻台，就算到二〇二三年都不會攻台，請台灣官民不要非理性反應。然而在記者會上，台灣記者不斷追問國務總理溫家寶：「那就表示放棄武力犯台嗎？」溫面有難色，只回答：「無法做這樣原則性的決策，尤其台灣當局對中國長期挑釁……」他話沒講完，台灣記者又追問：「那意思就是仍然有可能武力犯台?」溫家寶刻意轉頭不看台灣記者，對著西方記者說：「關於使用武力，我們一貫的立場，用英文講就是：possible but improbable，不能完全排除其可能性，但由我方主動發起的可能性，微乎其微。」

然而當天，台灣電視新聞的大標題是：「溫家寶：中國仍然有可能攻台！」總統府透過執政黨中央黨部，號召台灣民眾千萬人齊心上街頭，向中共表達「反武嚇」立場，同時發動購買台製高科技產品運動，來挽救台灣高科技產業。

## 遲鈍的政府還在等待

消息一出，世界市場的半導體及光電零件價格跌到空前低點，韓國政府被迫緊急做出決定，所有韓國相關產業暫停出貨，造成的損失由政府承受。中國方面立即跟進採取同樣措施，總算暫時止住了價格狂瀉的跌勢。可是這樣一來，就變成了台灣廠商自己割喉競爭的局面了。業者呼籲政府出面協調，然而因爲此事牽涉敏感政治判斷問題，各部會沒人敢出頭，都在等總統府指示。等了一星期，總統府宣布：盡快集合產官學領袖，召開「全國高科技會議」，尋求解決之道。

「全國高科技會議」還在籌備中，台灣高科技廠商先爆發一連串跳票狀況。幾乎每一家跳票廠商都接著上演負責人掏空落跑的戲碼，如同骨牌一般，倒勢一發不可收拾。到後來這些公司的會計帳目，再也沒人看得懂，沒人追究得了……

骨牌還排到高科技產業外面去。馬上受到連累的，是貸款給高科技業的銀行，一時之間有了應付不窮的壞帳呆帳問題。為了自保，銀行不得不採取緊縮策略，結果使得貸款利率急速攀升，其他產業全都連帶苦不堪言。壞帳呆帳來帶來信心危機，在電視名嘴的教導下，幾家壞帳呆帳影響最大的金控公司的保戶，連忙去要求解約，使得情況更形嚴重。

短短幾個月內，台灣股票市場蒸發了三分之二的市值，政府發動大規模全方位傳媒「置入性行銷」，宣傳「勇敢的台灣人」，在逆境中仍然守住自己的家園土地，才有資格當「台灣人」，惡劣景況剛好考驗大家「愛台灣」的程度與決心。教育部也發動全國學生寫血書表達「與台灣共存亡」的決心，並要求每個學生開一個存款戶頭「救台灣金融」，開一個捐款戶頭「救台灣高科技」……

兩年多前那一場悲劇與鬧劇的大匯演……

## 無法阻止的暴亂

回到二〇一五年一月一日，中午過後，大批計程車湧向機場，他們透過無線電和手機，號召要去「教訓那些不愛台灣的有錢人」，並且交換過去幾年內失業找不到工作，以致不得不開計程車的辛酸，「開車，也只是安慰自己的而已，假裝有頭路，連自己也餵不飽！」其中一個司機這樣悲嘆……

計程車將機場航廈團團圍住，和警察僵持一、兩小時，不料不曉得從哪裡又湧來一大堆人，他們手上持著棍棒，看到計程車就打就砸，憤怒大吼：「我們才是最倒楣的！你們還有車，裝什麼窮，裝什麼『愛台灣』！」

同時間，位於內湖的美國在台協會門口，也開始聚集人群，有要尋求保護的，有要辦簽證的，也有要趕辦臨時綠卡的……新聞記者風聞動靜趕來，還沒能停好車架上天線，就有人拿著各種器具衝上來，也有人丟石頭，不讓記者靠近，「你們要害死我們啊！」他們大叫。

太遲了。從高速公路下來，沿著成功路、金湖路，一卡車一卡車的人逼近在台協會，車上還有鑼鼓和擴音器，在肅殺的鼓聲中，有人透過擴音機大喊：「殺台奸啦！」「爲二二八報仇！」「抓假美國人！」……

一個小時後，總統透過電子媒體，宣布台灣進入緊急狀態，爲維持秩序，採取五項措施：

一、機場暫時關閉，驅離所有人員；

二、依照「萬安演習」方式，全台除高速公路之外，兩小時內所有車輛、行人，一律不准在路上行走，否則警察可以逕予逮捕；

三、股市無限期休市，待秩序恢復後再予檢討擬定新交易規則；

四、軍隊動員，在關鍵地點負責維持秩序；

五、電子媒體電波，包括電視與廣播，暫時由國家收回。

## 無法挽救的退化

十幾個小時後，《紐約時報》第十九版，刊出了一篇綜合各通訊社消息改寫的簡短新聞，標題是：「台灣戒嚴，進一步退化」，內文說：「台灣繼續其最近幾年來驚人的退化腳步。由原本的世界主要經貿地區，不斷朝邊緣退化。二〇〇八年北京奧運、二〇一〇上海世博是關鍵。當全世界都積極和中國打交道，台灣卻選擇自我放逐，隔絕在日益壯大的東北亞自由貿易圈外。中、日、韓加上東南亞的策略聯盟，完全瓦解了台灣原本在電腦產業上的關鍵位置。從兩、三年前開始，世界主要電子大展，從漢諾威到東京，就已經很難看見台灣廠商的蹤影。台灣國民所得連年下降，最新資料顯示，已經退回到一九八三年之前的水準了。

「昨天，因爲一項愚蠢、瑣碎的立法行爲，結果引發了從『蔣渭水機場』到台北市區的大暴動，總統緊急宣布凍結包括行動、言論在內的諸項人身自由。這項舉措將台灣更推回幾十年前，那個威權主義、集權主義的時代。

「據不完整統計顯示，昨天的暴亂，造成數十人死亡，數百人受傷，財產損失不明。」

這眞是個黑暗的、可怕的時代。

# 第一章

# 「十年遠見」的思維

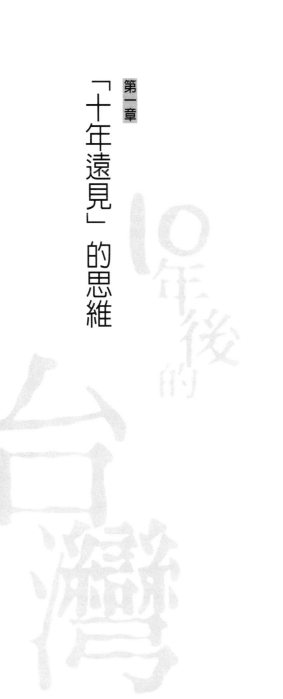

## 第一節　健忘症與過多的新聞

大部分的人都會同意：台灣是個健忘的社會。健忘，意謂著我們有著特殊的時間感，只活在當下，在乎眼前所發生之事，超過眼前當下，不管是過去或未來，就都籠罩在一片迷迷濛濛的霧裡。

健忘、當下時間感的重要表現，就看這個社會如何對待新聞。我自己從事專業新聞工作，已經有了不短的歷練，然而卻始終無法習慣這個社會與新聞之間的關係。新聞占據我們太多注意力了，我們活在過多過分的新聞包圍中。

「過多」，是量的問題。台灣有全世界密度最高的二十四小時全新聞台，這是大家都知道的事實。以前講到這個事實，很多人還認爲應該是有線電視乍然開放下的過渡現象；然而那麼多年過去了，新聞台沒有合併沒有減少，那麼多的新聞已經變成台灣精神結構的一部分了。

爲什麼在台灣能存活那麼多追逐當下瑣事的新聞？因爲我們沒有養成將眼光向前向

後開闊展望的習慣。等到新聞用如此排山倒海之勢淹沒我們之後，進而我們的意識，我們的價值，就更是誇大了眼前、現在事情的重要性。

於是而有了質上的，新聞「過分」的問題。

去年二〇〇四年年底，立委選舉投票前夕，我接受了一家新聞台的邀請，去參加晚間九點新聞中的分析討論。我預期應該要分析討論：選戰的政黨路線、可能的選票分布、不同結果對未來台灣政局將產生的影響。

眞正進了攝影棚，我傻眼了。因爲主播要談的只有一個主題：當天下午在台北火車站發現的爆裂物，以及爆裂物旁邊的政治性標語。主播反覆地問：「這是不是意謂著台灣政治暴力化了？這次選舉會增加暴力恐怖的變數嗎？」

我衷心的答案，我在鏡頭前給的答案都是：「不是」、「不會」。首先，整件事來龍去脈不清楚；再者，個案不能擴大解釋爲「現象」；第三，台灣政治發展並沒有暴力化的明顯跡象。

我知道主播對我給的答案，感到失望，更覺得焦慮。因爲在她，以及整個電視台工作人員的慣性裡，要的是聳動驚人的答案。「是啊！從『三一九』以來，政治越來越暴戾，再搞下去台灣說不定要到內戰邊緣了！製造爆裂物的人，很可能有軍方背景，這象徵著軍隊內部不安，總統、國防部長都不見得能掌握、處理這種狀況。危險啦！糟糕啦！幾個月前群眾在總統府前聚集時，不是還有人要『帶鎗起義』、要打進總統府嗎!?」我知道，我明白，電視台預期的是這種答案。事實上，後來我看幾家新聞台，基本上也都是用這種歇斯底里情緒定位這條新聞的。

現在回頭看，那件事，火車站前的爆裂物案，重要嗎？現在回頭看，我們有活在政治暴力行動的威脅下嗎？沒有，眞的沒有。

這是個例子，新聞「過分」的例子，不幸的是，這種例子每天都有、俯拾皆是。爲了維持集中在新聞上面的注意力，我們的新聞工作者想方設法，給了本來不重要的新聞，「過分」的重要性。太多太多我們本來不需要知道的消息，被加油添醋變成了非關心不可的大議題。

## 狗咬人都能炒作成大新聞

回到新聞學的第一課，最簡單的新聞定義：「狗咬人不是新聞，人咬狗才是新聞」。用這麼直截的原則檢視台灣的新聞工業，我們會發現：有太多「狗咬人」的事，也被大量無節制地炒作成新聞。偶而發生了「人咬狗」的特別事情，新聞媒體就本能反應地將之無限上綱，報導成：「台灣即將要變成一個大家都跑到街上找狗來咬的瘋狂社會啦！」這樣還不夠，我的新聞同業們，還常常有本事把「狗咬人」的個案，硬詮釋成「狗要搞革命推翻人類啦！」

去年夏天，連續幾個颱風侵台。有一次，颱風來襲前一天，我剛好有事要去宜蘭。早上看報紙，氣象局公布的颱風路徑圖，明明是暴風圈到晚間會開始籠罩東部及東北部；可是一打開電視，新聞台的螢幕上，切割成多個畫面，已經如火如荼在「轉播」各地「受颱風侵襲的現場狀況」。主播緊張拉高的聲調，聽來蠻恐怖的。

我沒有接受電視新聞的恐嚇，還是開車上路了。從瑞濱轉濱海公路朝宜蘭去。一路除了風稍微大些，天候沒有其他異狀。我一直開到北關，進了停車場準備休息一下，在我眼前出現了正準備要做SNG連線的某新聞台記者。

唉！跑過濱海的人應該知道吧，北關是沿途一個重要景點，那裡之所以會有停車場休息區，還有攤商小販聚集，因爲是個「觀浪」的好去處。那是個因爲特殊地形影響，常常會有大浪的地點。結果，我們的電視台就選在那裡拍攝，要讓大家相信颱風的作用已經非常厲害了！

那天，我順利去了宜蘭，又回了台北。正如氣象圖顯示的，回程深夜時才遭逢了較大的雨勢。然而，守在電視前面想瞭解颱風動態的人，他們一定以爲整條濱海公路早就不能走了，只剩下勇敢的記者們頂著大風大雨幫我們做連線！

這其實已經是公然的欺騙了。這就是我說：連「狗咬人」的平常事，都能被大肆炒作的例子。不幸的，這種例子也是每天都有、俯拾皆是。

我們，大部分的台灣人，活在被過多過分的新聞堆積起來的，虛假的世界裡。

## 第二節　從時間縱深中尋找「長期合理性」

虛假的世界，讓我們無法做眞實的思考。尤其是需要時間縱深的思考。在這個虛假的世界裡，我們的看法不斷隨著每日新聞搖擺，時而悲觀時而樂觀、時而滿腔憤恨時而滿懷慈悲，搖擺到後來，再也搞不清楚這個國家、這個社會，眞實的現況是什麼，也看不明白未來有些什麼障礙、什麼希望。

史家黃仁宇先生，一輩子努力在歷史中尋找「長期合理性」。他的信念：歷史看起來有一大堆雜七雜八的事件，這個人這時候做了這件事、那個人那時候又做了那件事，記都記不完，弄得念歷史課本的學生煩得要死。然而潛藏在零碎事件背後，如果我們夠認真、夠用心，其實可以看出長期、穩定的方向。

## 不容易變動的歷史結構

歷史會有「長期合理性」，不是因爲有上帝在操控，也不是像黑格爾主張的，有先驗的模式與目的。而是因爲人類群體互動，會創造出結構來，這些結構沒那麼容易說改就改。

一個社會要從A變成B，中間要有許多條件。條件不存在時，單一事件無法飛躍造就B社會。單一人物單一事件，也無法讓正在由A朝B變化的社會，一下子扭頭變成C。換個角度看，具備了由A向B條件的社會，如果有符合這種變化的事件產生了，就會有效地讓這個社會向B大大推前一步。

如果我的理解沒錯，黃仁宇主張：歷史知識眞正的重點，在撥開種種事件構成的錯亂迷離，找出確切的A點與B點。找到A點與B點，就是找到了歷史的「長期合理性」。

例如說，二十世紀中國史的A點，是傳統保守以家族倫理爲核心的社會組織，B點則是一個以西方現代性爲榜樣、用職業角色來分工組成的新社會。從A到B，花了漫長的百年都還不見得完成，可是其方向，卻沒有改變。從這種「長期合理性」看去，就連蔣介石看來封閉、威權的統治，都發揮了重新改造中國社會中層結構的作用。或者應該說，儘管蔣介石做了許許多多的事，有些甚至是要讓中國倒退回A點的，但長遠來看，只有符合「長期合理性」的作爲，才留下影響，發揮了作用，其他的，都成了歷史中一時的煙塵。

黃仁宇這種想法，與台灣社會的「當下時間感」，正好是極端的對比。黃仁宇的著作竟然還能在台灣紅過一段時間，老實說眞是奇蹟。我們不需要全盤、無條件地接受黃仁宇的「長期合理性」觀念，然而正因爲這觀念與台灣社會習慣極端對反，我們可以、也應該，試著從中吸收一點刺激、找到一點教訓。

## 自覺沉澱的必要

總該要有一些時刻，我們自覺地與那轟天震地的新聞隔離開，自覺地換用不同時間尺度，檢視、理解自己的周遭環境。如果換一年作單位，會看到什麼？三年、五年呢？十年呢？五十年、百年呢？

看來像是閒暇中的思考遊戲，認眞做了，卻可能徹底改變我們的眼光，看待自己看待社會看待世界。

用一年的尺度思考，至少可以讓我們有系統地逼自己回憶一年來的種種，並且認眞想像一年之後的未來面貌，當然相應也就引發出這樣的省思：從今年到明年，我該做什麼怎麼做，能得到最好的結果？倒過來，要是我做錯了什麼或沒做什麼，又將惹來最糟的下場呢？

換不同尺度，向後整理向前預測，會牽涉到不同的變數，也就會讓我們看到不同的人間變化「合理性」。

## 第三節　不太長又不太短的「十年」

各種不同的時間尺度，「十年」應該具有特殊的地位，在台灣現實的條件下。

台灣從來不是個歷史意識與歷史知識發達的地方，而且對於過去歷史的敘述，夾雜了許多政治權力的介入扭曲。所以如果要用百年或五十年、甚至三十年，做爲思考的尺度，那就難免陷入種種歷史事實認定的爭議。資料不足、史觀薄弱、偏見橫生，這些因素使得回溯歷史而生的智慧，很難產生。

而且台灣的變化實在太快，台灣所處的這個二十一世紀世界變化更快，太長太久遠的歷史整理出的法則，難免讓人懷疑其現實適用性。變化那麼快的時代中，當然，我們想要預見三十年後、五十年後的台灣，也同樣困難重重、不切實際。

十年，是大部分人都能切身經歷的有限時間，再怎麼健忘的社會，個人記憶還不至於完全喪失了十年光陰的烙痕。向前預想十年，我們也還能看得到分析得出台灣社會基本結構變與不變，可變與不可變的幅度。對於像黃仁宇那樣的史家，百年、兩百年、三百年，是「長期合理性」的單位；對於我們一般關心本身命運未來的人，十年或許才是最能掌握、最具實質力量的單位。

## 檢驗「十年思考」

檢驗「十年思考」是否有效，一個方法是以十年爲單位，倒敘衡量「台灣經驗」，重建：一九九五年的時空背景下，可能如何展望二〇〇五？一九八五年的台灣，會如何預想一九九五？一九七五年的環境下，人們面對一九八五可以採取什麼樣的態度？

先從一九七五年看起吧！一九七五年，蔣介石逝世，強人威權非變不可。當年在國父紀念館前排隊等待「瞻仰遺容」的人，想像未來十年，一定立刻想得到幾個問題：政治接班會順利嗎？老蔣建立的個人崇拜要如何收場，有辦法轉移給蔣經國嗎？陷入孤立環境中的台灣，怎樣才不至於完全窒息？「第二次進口替代」、剛剛發動的「十大建設」，能替台灣帶來經濟契機嗎？蔣經國異於其父的「革新保台」路線，眞能「革新」、眞能「保台」嗎？

十年荏苒，事實證明，台灣發展的主軸，確實就是沿著這個一九七五年就看得出來的座標鋪陳的。那十年，是「蔣經國時代」，蔣經國穿一襲夾克深入民間，平易近人，成功塑造了完全異於蔣介石的領導風格。政治架構，是舊的國民黨黨國一體、政經統抓的威權架構，可是這權力版塊表面，塗上了非常不同的顏色。

舊架構接上新風景的變化，也發生在那十年的台灣經濟上。舊架構是「出口導向」，這不是短短十年改變得了的，但一脈延續的「出口導向」經濟活動，透過「十大建設」的影響，卻大幅改變了出口項目的基本性質。農產品的出口快速衰退，不再扮演任何重要角色，初級原料加工的比例也降低了，取而代之，新興的出口主力，成了石化塑料相關產品，以及從成衣到收音機、電視機等代工成品。

更進一步，那十年間，「出口導向」及其所創造的財富，解決了一九七五年時看來極爲嚴重的國民黨內外隱憂。靠著暢旺的出口事業，台灣得以擺脫從退出聯合國到中日斷交、再到中美斷交的連串打擊，保持與國際社會積極互動來往。同時，國民黨在台灣，也從一個「帶大家反攻大陸光復國土」的政權，轉變成一個「創造經濟奇蹟」的政權。換句話說，國民黨的統治合法性，由原先的中華民國「法統」，挪移到了經濟成就上。經濟成就，人人可以感受到的物質享受，當然比空洞的「法統」容易拉攏民心；而經濟成就取代法統，也正是「革新保台」眞正的「革新」成果、「保台」效應。

應該可以這樣說：站在一九七五年的起點上，人們當然不能預見十年內會發生的所有事，然而只要他們願意，他們大有機會準確整理出那十年中最關鍵的變數，控制好這幾個在舊結構上冒發出來的新現象，理解舊結構的強度，與新現象的力道，有心人可以規畫出種種選擇，彰示台灣十年演變的軌跡來。

一九七五年站在國父紀念館前等待「瞻仰遺容」之人，大概想像不到，有一天國民黨的統治會開始動搖，大概也想像不到，有一天，「台灣錢淹腳目」會變成這個社會帶點自豪帶點諷刺帶點無奈，大大流行的俗語。

## 權力與財富的考驗

一九八五年的人，如果向前預測一九九五，卻很容易看到這兩項命運的新挑戰。因爲他們經歷了風起雲湧的黨外騷動、經歷了詭譎卻又激情的「美麗島事件」、「林宅血案」和「軍法大審」，這些變化，構造了政治權力的新局面。他們也經歷了台灣外匯管制、刻意低估台幣所造成的出口大繁榮，這些每年大筆大筆賺進來的美金，積壓著無法換成生活消費，到一九八五年時，已經在台灣內部構造了經濟生活的新局面，蠢蠢欲動。

從一九八五看一九九五，十年中的決定性因素又會是什麼？是——蔣經國的「本土化」策略能走多遠？逐漸凋零的老立委老國代帶來了政體改造必然性，怎麼改會改出什麼結果來？一九四九年之後出生的一代長大為社會中堅，會給原本壁壘分明的本省外省族群分布，產生怎樣的作用？外省籍的年輕人沒有原鄉經驗，本省籍的年輕人被教育體制磨掉了日據記憶，他們應該會彼此相似彼此接近，形成新的社會族群吧？還有，經濟發展帶來的財富，使台灣從標準的貧窮狀況，進入曖昧的新富、半富階段，這種身分變化，將如何進行？

這些因素，歷史過程再度證實，就是那十年中的「長期合理性」，或者說，「中期合理性」。從一九八五年到一九九五年，台灣迸發了民主化的巨大能量，從蔣經國宣告：蔣家人「不能也不會」繼他之後接任總統，到解嚴、開放黨禁報禁，到老法統退職國會全面改選，北高直轄市長直選，以迄總統直選修憲定案。一九九五年結束時，台灣雖然還是國民黨執政，卻有了堅實的反對黨──民進黨，而且朝野兩黨正積極摩拳擦掌，準備投入有史以來第一次總統民選。

一九八五年時，沒有人能預見蔣經國會在三年後猝逝，李登輝在多番波折後掌穩政權。沒有人能預見台灣學生會齊聚在中正廟前，演出「九〇學運」大戲。沒有人能預見九四年台北市長民選，國民黨分裂使得民進黨的陳水扁能夠勝出。然而，不能預見這些特定事件，卻無害於在一九八五年的時點上，看得出來「威權」與「民主」的角力，將成爲台灣變化重點。

同樣地，一九八五年時，也沒有人能預見台灣股市會飆漲到一萬兩千點。不能預見一位財政部長無預警地宣布復徵證所稅，就讓股市崩盤，跌掉六分之五的市值。應該也沒有人能預見，土地與房地產會一下子三級跳，跳到受薪階級無力負擔的程度，同時製造出一大批「田僑仔」暴發戶。

## 小貪婪堆積成大貪婪

不過，一九八五年時的有心人士，其實已經清楚看到，「勤勞賺懶惰花」的保守經濟行爲模式，在台灣搖搖欲墜了。外幣管制政策帶來新台幣發行量年年激增，封閉系統中流通的貨幣無處可去，這絕對是台灣要面對的大難局。「十信案」隨後爆發，表面看來像是揭發了蔡辰洲一個人的巨觀貪婪，其實那巨觀是由數萬數十萬台灣人的小貪婪堆積起來的，而且那些小貪婪、小小貪婪中，還有深深的不安與無奈。「台灣錢」眞的「淹腳目」，這卻不會是件好事。錢多到無處可去，表示投資管道、消費機會，未能隨著經濟成長調整；錢多到無處可去，更將誘引人性中企求不勞而獲的心思，直接且快速地破壞了幾十年、甚至幾百年來形塑的工作倫理。

股市大起大落、「大家樂」瘋遍全台、爛頭寸充斥、企業明目張膽規避政府法令，台灣經濟的舊秩序，被自己創造的成就給衝垮了。

政治舊秩序與經濟舊秩序都維持不住局面，老實說，怎麼會是一九八五年時看不出來的呢？迥異於從一九七五到一九八五的經驗，一九八五到一九九五這十年，我們找不到足夠的遠見智慧，預先安排即將到來的震動，也就找不到讓這震動緩和的機制。

於是我們度過了驚濤駭浪、騷擾不安的十年。幾乎一切都回到最原始「試誤」（try and error）方法，有什麼試什麼，錯了再換另外一樣上場。「試誤」過程，迸發出台灣社會前所未見的活力能量，但卻也付出了龐大、無可衡量的代價。

無可衡量：如果不要等到「台灣錢淹腳目」才在美國壓力下開始「自由化」腳步，這十年台灣經濟可以多有什麼樣的成長、長出什麼樣比較合理的局面？如果不要等到整個社會不耐煩，連教官都帶隊去中正廟前要求「國會全面改選」，就進行民主化改革，台灣可以省掉多少街頭抗爭、流血衝突的社會成本，可以替未來減緩多少族群衝突的隱憂呢？

## 失去「中程眼光」要付出代價

一九七五到一九八五、一九八五到一九九五，這兩個沒多遠的例子，說明了：第一、「十年遠見」是可能的、也是必要的。決策者只需對自己的社會誠實、用心，很容易就能頗爲準確地整理出「十年遠見」的要目——影響未來十年國家命運的關鍵在哪裡。尊重「十年遠見」，按照「十年遠見」來進行大格局思考，能夠有效地拆解地雷、避開陷阱、找到柳暗花明的轉折新道路。

反過來看，不管什麼原因，如果決策者疏於訓練自己「十年遠見」，或無暇無能提供「十年遠見」，那麼決策出來的作爲，勢必會給整體社會帶來許多不必要的災難。

不要倒果爲因：並不是一九八五到一九九五那十年間，台灣社會亂到無法預期無從應付，而是那十年間，人們喪失了「中程眼光」，決策者提供不了「中程遠見」，沒有「中程遠見」引領下的藍圖共識，才使得台灣變得那麼亂，看來那麼沒有章法。

## 第四節　過去十年（一九九五～二〇〇四）的具體教訓

一九九五年讓人想起《一九九五閏八月》。鄭浪平寫的那本話題書、暢銷書，其實不是一九九五年出版，而是前一年一九九四。書中鄭浪平大膽預言：一九九五年閏八月時，台海兩岸將爆發戰爭。危言聳聽掀起了社會熱烈討論風潮。

到了一九九五年閏八月，台海當然沒有戰爭，還好鄭浪平錯了。事實上，回顧兩岸關係演化，我們會發現：《一九九五閏八月》出版時，正是兩岸關係有史以來，空前最好最緩和的一段。兩岸在一九八八年正式結束隔絕，沒多久「天安門事件」雖然一時挫折了台灣「大陸熱」，然而不怕死不怕難，砍頭生意都敢做的台商，在全世界其他國家都抵制中國的情況下，依然「穩健西進」，讓關係繼續加溫。

接下來負責兩岸協商的「海基」、「海協」兩會成立，兩會先有氣氛友善的「九二會談」，接著又進行了政治層次相當高、象徵意義深遠的「辜汪會談」，不只是搭好了溝通平台，在平台上也形成了事務性協商的共識，甚至更進一步在「一個中國、各自表述」

的前提下，預埋了未來可以進行政治、主權對話的伏筆。

這種氣氛，維持到一九九五年底，李登輝訪問美國康乃爾，遭到初步破壞。接著一九九六年台灣第一次全民直選總統，中共方面正式將李登輝定位為「台獨」，強硬地用軍事演習騷擾並企圖影響台灣大選，結果迫使美國總統柯林頓下令派遣兩艘航空母艦巡弋台灣海峽，顯示防堵中共動作的決心。中共的作為，反而替李登輝衝高了到達百分之五十四的得票率，還讓台灣人民對中國的「同胞感」降到空前最低點。

在兩岸關係最好的時代，預言會產生最糟的結果，多麼大的諷刺！鄭浪平的失誤，正讓我們看出短期變化多麼難以掌握。不過若是換從「中程合理性」的不同時間尺度來分析的話，《一九九五閏八月》帶來的現象，絕非沒有意義。一個社會被沒有根據、也不符現實狀況的戰爭預言，騷動如是！顯然有一根敏感的集體神經被挑逗了。

## 十年中最敏感的神經

《一九九五閏八月》出版的那一年，我寫過一篇評論文章，我還記得標題是〈他們在尋找離開台灣的理由〉。我看出來，《一九九五閏八月》流行的背後一股力量，是一群被台灣民主化、本土化潮流弄得極度不安的人。他們感覺到台灣不再是他們熟悉的那個「中國」，他們感覺自己在台灣過去視爲當然的特權岌岌可危，他們感覺台灣快要住不下去了。這群過去威權時代眞正的既得利益者，本來就無法眞心認同台灣，鄭浪平的書讓他們理直氣壯說服自己：「台灣完蛋了，快快走吧！」

的確，如果沒有錯亂的國家認同困擾，一般清醒理智的人，看鄭浪平的「預言」，其反應應該僅止於一笑置之吧。可是國家認同錯亂，助長了自覺無根無依之人的危機意識，讓他們如驚弓之鳥，願意相信任何悲觀悲劇的警告。

站在那個時點上，我們看出了國家認同問題，勢必要成爲台灣十年中程的主要議題。與這個議題相糾纏，同樣在《一九九五閏八月》後面推波助瀾的，還有曖昧的兩岸關係，以及曖昧兩岸關係連帶製造的台灣政商勢力與族群分布的微妙交錯。

## 政商與族群微妙交錯

在九〇年代之前，台灣的政治體制，掌握在四九年來台的外省人手中。本省籍人士主觀意志上受到「二二八」、「白色恐怖」記憶影響，不敢也不願碰觸政治；客觀條件上，也缺乏適當的人脈管道進入政壇。政治上沒有發展餘地的本省人，卻在台灣由農轉工的經濟升級過程中，找到了舞台。

台灣「經濟奇蹟」的核心動力，正是從農村擠榨出大量廉價勞動力，進行出口加工，賺取外匯。台灣工業發展初期的勞動力，幾乎都從農家農戶裡來，產生了特殊「農工同源」的現象。每當工業部門需要新勞動力時，政府就用政策作爲壓低農戶所得，讓在土地上吃不飽待不住的人，流離到都市工廠裡。然後再藉傳統家庭力量，利用城市勞工轉匯回原生家庭的部分工資，來維持農業農家，不至於一夕崩潰。

先是「農工同源」，繼而又有「工商同源」。新興中小企業的組成，正是俗話說的「黑手變頭家」。工業部門裡的勞工進一步轉型成中小企業主，奠定了台灣商業經濟的基礎。

從族群分布上來看，農、工、商，在這樣的脈絡下，幾乎都是本省人的天地。在這過程中，參與其間的外省人比例相當低。到九〇年代之前，外省族群的職業屬性，依然高度集中於軍公教，也就是與政治、國家關係密切的領域。

然而九〇年代之後，國家與政府改變了。民主化與本土化兩大潮流衝擊下，許多維繫以往國民黨政權體制，被視爲天經地義的價值垮台了。相應地，原本依附這套價值、捍衛這套價値的軍公教，難免出現嚴重適應不良的問題。

「本土化」的一個目標，由蔣經國開啓其端，本來就是開放管道晉用本省籍青年進入政治體制。李登輝主政後，中央政府的省籍比例進一步朝本省籍人士傾斜，加上民主化用選票數人頭決定權力位置，本省籍候選人自然比外省籍人士容易找到社會基礎，化爲所需的選票。

剛好在這時候，兩岸關係解凍，民間來往解禁。中國大陸從一九七九年走「改革開放」的道路，幾經波折，到鄧小平「南巡講話」，終於確立了經濟建設凌駕於意識型態的黨的政策，中國爆射出壓抑了半世紀的經濟狂熱。去到中國的台灣人，第一個感受常常是：「這些人眞不像課本中教的、想像裡以爲的『同胞』！」；然而接著的第二個感受常常是：「不過這裡到處都是做生意賺錢的機會！」

不去可惜。就在本省籍人士大舉「入侵」原先對他們封閉的台灣政壇，外省籍台灣人挾著與中國的舊人脈舊淵源，開始登陸做起生意來，政商身分有了微妙的翻轉。

這一翻轉，勢必攪動了本來就很複雜的國家認同光譜。許多本來厭憎國民黨政權的人，現在因爲有機會分享權力與資源，改變態度珍惜中華民國的國民身分。另外有一些原本最是恐共反共，抱持中華民國立場對抗「共匪」的人，又因爲商機湧現的利誘，改變態度擁抱中國、鄙視台灣。

民主開放還帶來了言論自由。廢除「刑法一百條」的重大意義，就在於取消了「言論叛國」的罪與刑。不管和政府立場如何相互對立的主張，只要僅止於言論的領域，不再構成刑法上的叛國罪。廢止「刑法一百條」，言論百無禁忌，於是過去最是被監管、壓抑的台獨主張，迅速冒湧上來，這些要求拋棄中華民國、建立新台灣國的號召，更增添了國家認同上的複雜。

還有，幾年間蜂擁向中國大陸追尋商機的另一群主力，是高度勞力密集的傳統產業。這些老闆們早感知了台灣工資水準上漲，使他們的產品喪失價格上的競爭力，於是紛紛出走奔向勞動成本更低的地方。中國大陸不只工資低，而且語言可以通、文化習慣相似，當然成了優先選擇。

不過這群血源上多半屬本省籍的台商群，到中國大陸設廠經營之後，卻產生了兩極對立的國家認同反應。一些人因爲考慮經濟利益，願意爲中國辯護；另外一些人卻以自己在中國的經驗，更加反對中國，反對台灣與中國在政治上的聯合。

## 始終沒解決的國家認同問題

從一九九五年以來的十年，國家認同吸納了社會最多的心理資源。兩岸關係更一直是政治上最敏感的一條神經。用十年爲期來看，《一九九五閏八月》牽動到的就是這條神經。今天的台灣社會，或許沒幾個人還記得那本書究竟寫了些什麼，可是歷經十年變化，國家認同的神經卻依舊敏感，沒有完全鬆懈下來。

這十年間，各種單位做過多次國家定位的民意調查，幾乎毫無例外，選擇「保持現狀」的人都居最多數。「保持現狀」就是保持不清楚不明白的國家主權性質，其實也就是「沒有答案的答案」。「沒有答案」成爲「答案」，一方面顯示了國家認同無法固定下來，另方面也反映了游離的、曖昧的國家定位、國家認同問題，在這十年間，始終具有充沛的政治能量。

二〇〇五年開年後，台灣政壇上演的最大戲碼，就是「扁宋會」。這眞是一場奇怪的戲。依照《聯合報》在「扁宋會」前所做的民調，相信陳水扁是基於「國家利益」考量而舉辦「扁宋會」的，只有四分之一；相信宋楚瑜動機純正的，更少到只有六分之一左右。奇怪的是，受訪的民眾中，竟然有六成以上支持「扁宋會」。

怎麼解釋這種現象？只能說：台灣民眾對這樣一場「和解大戲」，期待太久、盼望切殷，所以就算覺得這兩個人實在不是最適當的演員，也只能「沒魚蝦也好」了！

這兩個演員，或許各懷鬼胎，不過他們倒是都清楚嗅到了台灣社會的普遍政治氣氛，會談後發表的「十點共識結論」，占據中心位置的，就是「中華民國是最大公約數」。

又回到了國家定位、國家認同問題。

再看看二○○五年開年後，最轟動的財經新聞吧！檢調大動作搜索聯華電子，所爲何來？要調查聯電和中國大陸晶圓廠「和艦」之間的關係。曹興誠董事長出面承認，和艦與聯電關係密切，和艦是聯電「投資策略」的一環。一家企業的投資，幹嘛偷偷摸摸，又幹嘛惹到檢調公權力呢？別無其他因素——中國大陸。換句話說，這個案子又是那根敏感的國家認同與兩岸關係神經在作祟。

## 發炎化膿的舊傷口

這些例證，放在十年遠見的架構中，難免又引我們思考：早在十年前，這根最關鍵的敏感神經就已經存在了；早在十年前，台灣社會就對這個議題有過歇斯底里的反應；早在十年前，我們就大可明瞭，這是個足以決定台灣十年中是好是壞、是健康是病態的超級大變數。然而十年過去了，這個社會竟然就坐任這個歷史造成的舊傷口，接受各式各樣的細菌侵擾發炎化膿，沒能夠採取許多應做可做的措施，結果時光蹉跎，傷口依舊在，其併發症卻已搞得台灣焦頭爛額。

眞是個恥辱。是台灣政治決策者的恥辱、也是台灣知識分子的恥辱。我們應該承認這份恥辱，從中吸取教訓，看看未來十年，能不能不要再犯同樣的錯誤。

## 第五節 「十年遠見」是一定要的啦！

從歷史中汲取教訓，並不是說我們整理歷史資料，就能得到預測未來的神機妙算洞見，歷史沒有那麼奇幻奇妙。

歷史能給的，是種種提醒、以及種種警告。

歷史提醒我們：雖然世界越變越複雜，不過世界從來沒有眞正複雜難解到我們應該放棄對未來的主觀想像與規畫。複雜的世界也許會讓我們無法再像以前的讀書人立志「爲萬世開太平」，但至少十年的眼光、十年的提前思考，是我們可以做、也必須做的。

歷史還警告我們：一個沒有習慣用較長時間尺度思考的社會，放任自己在複雜的世界裡泅泳掙扎，有什麼抓什麼，最終往往哪裡都去不了，白白浪費了所有人的集體才智與集體努力。

一個設定了中程長程目的地的國家，當然不見得最後就能夠到得了那裡；然而漫無目標的漂流者，卻一定到不了提供給最多數人最大幸福的樂土。

## 看看韓國想想台灣

看看韓國的例子吧。不到十年前，韓國才在九七、九八年的亞洲金融風暴中摔了一大跤，被迫接受屈辱的條件，用IMF（國際貨幣基金）提供的資金從破產邊緣爬上來。傳統大財團體制藏污納垢的弊病同時迸發，經濟基本結構隨時要坍塌。

然而也就在最是風雨飄搖的時刻，韓國政府訂定了清楚而明確的未來遠景——要以電腦時代的高科技需求，重建韓國。遠景之下，他們還找到了工作策略與落實焦點——立即推動全韓國家家戶戶有寬頻，讓寬頻網路成爲韓國人生活中固定、不可或缺的一部分。

推動寬頻，帶起了韓國電腦硬體工業，還有周邊設備的研發生產。寬頻架設起來，當然就有了三級跳的影音內容需求，擴大的內需市場刺激了相關產業，從電腦軟體到攝影錄音設備，再到造型、音樂、戲劇等文化部門。

今天的亞洲「韓流」，就是在這樣按部就班規畫下掀起的，絕非運氣偶然。找出國家遠景，凝聚遠景共識，再一步步予以實踐，很困難嗎？不會吧，韓國人只花了不到十年的時間。

讓台灣也開始吧！站在二〇〇五年的現實上，我們希望二〇一五年的台灣變成怎樣？我們又擔心二〇一五年的台灣會變成怎樣？最好和最壞的情境，各自會由怎樣的路徑到達？

讓我們嘗試進行初步「十年遠見」思考，看看能不能在封閉的健忘現實之牆上開出一扇小小的窗，引誘更多人一起來眺望窗外的未來。

# 第二章

# 戰與和的選擇

## 第一節　驚人的「中國因素」

台灣最大的海運公司，是長榮；排在長榮後面的第二名，是陽明海運。

三年前，任何有基本投資常識的人，都能夠分析這兩家公司的體質優劣。長榮擁有全世界最大的全貨櫃船隊，環球固定航線在全世界主要轉運港都有業務，也建立了完整的轉運網。長榮海運還有關係企業長榮航空可以發揮海空互補、客貨互補的綜效，更重要的，長榮是家一直在成長、一直追求成長的企業，成長過程中刺激出效率，也創造了特殊經營管理風格。這些都是長榮的優勢。

相形之下，陽明就沒那麼光彩了。這家海運公司最大的毛病，在於其公營事業的體質。企業文化裡遺留著沉重的官僚包袱，不只是效率較差影響其市場競爭力，而且往往無法與時俱進，船隊老舊，其市場關係也一樣老舊。

三年前，大概不會有人認爲陽明會是個比長榮更有機會賺錢的公司吧！然而三年後，事實就是：陽明可以比長榮更賺錢。

陽明海運怎麼做到的？陽明做對了什麼，還是長榮犯了什麼嚴重錯誤，才會在這麼短的時間中出現戲劇性逆轉？不是，陽明賺大錢，四個字就可以解釋完——中國因素。

中國經濟在二十一世紀，又進入新的階段。在「世界工廠」之後，又開始朝「世界市場」演變。中國到處都在建設，要趕上毛澤東主政時期「鎖國」造成的現代化落後差距。中國像個大黑洞般，將全世界的建設材料不斷吸納進去。水泥、鋼材、鐵沙、木料、鋁料，這些物資在中國因素衝擊下，價格節節高漲。跟著上漲的，當然還有運送這些物資進中國的航運成本。

中國需要的大量原物料，有很多是送不上貨櫃輪的。於是原本被視為落伍的散裝貨輪突然之間變得搶手起來了。長榮參與發動的世界航運「貨櫃革命」，在過去一、二十年中淘汰了許多舊式散裝輪，結果使得像陽明這種還在使用散裝貨輪的公司，成了少數。物以稀為貴，散裝貨輪的運費，在需求激增哄抬下，連番上漲。成本沒怎麼變，單位運費卻一直漲，要想不賺錢也難吧！

## 無所不在的「中國因素」

中國因素，足可以抵銷陽明海運所有的劣勢，讓它趕上、超越長榮。中國因素可以逆轉世界航運「貨櫃化」的潮流，讓造船廠的船塢接到新散裝貨輪的訂單。

中國因素也足可以使台北市立棒球場原址改建的「小巨蛋」一度停工，因爲鋼造架構的成本漲得太快了，包商原來投標的價格注定要賠錢，他們寧可違約停工，也不願再去應付不知道還要漲到多高的鋼價。

中國因素還造成了台北市另外一位承包中山橋拆除工程的廠商老闆，因爲應付不來突然上漲的成本，要求市府重新議價，被市府拒絕，黯然上吊身亡。中國因素甚至直接影響到這兩年內所有進行房屋裝修的家庭與商店，連裝個鋁門窗都要多付原本沒算到的錢。

無法否認的事實：中國因素透過二十一世紀新形成的全球化體系，無所不在，無從躲避。另外一個更關鍵的事實：中國大陸是全世界成長最快速的經濟體，而且中國的成長，不再照著以前工業化國家的模式進行。

還沒有幾年前，許多人援引過去其他國家工業化、現代化的例子，預估中國大陸應該會按部就班，由農而工，再由工而商，最後才發展服務部門。在工業生產上，中國大陸也應該會先進行傳統勞力密集產業革命，等工業條件成熟後，再升級到資本密集以及技術密集的工業。

換另一個角度看，中國應該先扮演全世界低技術性產品工廠的角色，製造以外銷爲主的產品，等國民所得到達一定程度後，再進入「創造內需」、「滿足內銷」的新階段。

實際情況卻不是這樣。短短幾年內，中國大陸出現了許多令人意外的經濟動向。其一是，充分發揮「後進工業國」的地位優勢，跳過先進國的發展次序，直接到達最高科技層次。例如，中國大陸的車輛總數，二〇〇四年仍然只有美國的六分之一左右，然而中國大陸的手機銷售，二〇〇四年已經超越美國。中國大陸的手機，不只運用在人際活動頻密的都會區，也在建設落後、有線電話尚未普遍的邊遠地帶，發揮了通訊功能。在雲南、廣西、乃至西藏高原，人們從沒有電話，只能面對面溝通的狀況，直接就進入了手機時代。

另外一項讓人意外的經濟動向，是高科技產業在中國快速生根。讓中國工業朝高科技進展，一個動力是世界資金大量湧入。二〇〇四年全年，中國吸引了五百五十億美金的外資，即使是世界人口最多的國家，平均每個中國人都還能分到差不多三十五塊美金的投資額。

當然，這些外資不會平均分給每個人，而是選擇最有潛力的重點。連年大量流入的外資，使得中國得以擺脫其他後進國家遭遇的資金困境，迅速開發資本密集產業的潛力。

除此之外，集中在東南沿海的經貿活動，及其創造出來的財富，在中國培養了一個遠非其國民平均所得能夠反映的新興消費階層，這個階層發散出來的菁英消費需求，就得以在中國創造具有規模經濟的內需市場，其導向不可能停留在低階傳統民生用品上，勢必朝高科技國際水準邁進。

再加上中國大陸的社會流動，由鄉而城、由貧而富，仍然一大部分依賴學歷決定，教育系統內部高度競爭，年輕人有強烈動機追求知識、學習技術，短短一、二十年間，其人才素質不斷提昇，而且與國際科技接軌的能力，也不斷增強。

## 中國不會崩潰

經濟發展固然給中國帶來了許多問題，不過客觀條件顯示：可預見的未來，至少十年內，中國大陸會維持其基本的經濟成長趨勢，以其不斷增長的消費實力，影響全世界。做為「世界工廠」，中國足以破壞全世界的物價結構，大量廉價商品從中國流向各地，幾乎使世界經濟體系陷入「通貨緊縮」的危機。做為「世界市場」，中國不只將炒高全球原物料售價，而且還有可能造成全球資金傾斜失衡的局面。

以十年為期，老實說，我們看不出中國會停滯其發展，乃至崩潰的跡象。中國的政治制度固然落後、中國共產黨的組織固然封閉僵化，然而只要經濟不停往前走，政治上的不滿訴求就很難升高到革命的程度。

第三代的江澤民朱鎔基順利接班給第四代的胡錦濤溫家寶，胡溫的意識型態包袱比江澤民朱鎔基更輕，其「開明專制」的「開明」成分明顯更高。經濟成長替中國領導人爭取到了社會相對安穩的時間，這段時間中共也用來進行緩步的政治改革。現今政權中，雖非當紅，但仍深具權威性的李瑞環、曾慶紅，都明白主張開放省級以下領導民選，和開放媒體管制等措施。

如果中國經濟繼續發展，如果中國共產黨的「開明專制」路線十年內不致垮台，在這兩項前提下，我們必定要思考：中國大陸的變化，對台灣的意義會是什麼？

## 第二節　李扁路線賭中國終將崩潰

幫助釐清思考，我們可以將前面問題予以簡化：做為中國近鄰，做為全球化經貿體系中的一員，中國大陸越發展越繁榮，台灣會受其正面影響，而同樣日益發展繁榮；還是台灣會受其負面影響，日益傾頹衰敗呢？

如果可以選擇，正常、合理的選擇應該是前者吧。然而既奇怪又不幸的是，過去十年內，台灣的政府作爲，清清楚楚選擇了後者，拿後者來當兩岸關係的主調。

從李登輝主政後期，到陳水扁領導的民進黨政府，都將台灣未來賭在一邊——賭中國的崛起將傷害台灣，中國的利益與台灣相背反，而且賭中國今天的局面無法維持下去，要嘛經濟會亂、要嘛政治會亂。

李扁一脈相承的這套國家策略圖像，是可以理解的。其背後有很強的兩股歷史力量在作用，還有兩項自信在撐持。

## 「二二八」的夢魘未醒

一股歷史力量是長期遺留在社會底層，對中國與中國人的高度厭惡。厭惡情緒形成的因素很複雜，有「二二八」的血腥記憶，有對國民黨四九年以後統治的怨懟，更有這些記憶、怨懟被阻擋、被壓抑後扭曲成的根深柢固仇恨。

「二二八」的衝突，剛開始是文化衝突。熱情迎接祖國的台灣人民，想像祖國應該比舊殖民主——日本更強大更威風。沒料到從基隆下船的祖國軍隊破爛不堪，與他們看到的日本皇軍天差地別。

台灣人還預期，祖國也將伸出雙手回敬予擁抱，一掃台灣人在日本統治下飽受的種種委屈，沒料到「長官公署」幾乎完全繼承總督府的結構與作法，只是將日本人的位子換成了中國人，日本人的財產全接收爲中國人的財產。

換從另外一邊看，來台灣接收的大陸中國人，原本以爲要來和失散多年的兄弟認親，一到了台灣觸目所見卻全是日文和服，盈耳聽到的都是日語，這哪裡是兄弟，明明就是敵邦敵人嘛！要這些和日本人打了幾年血仗的人，立刻放下戒心，信任重用台灣人，有那麼容易嗎？

雙方彼此鄙視互相猜忌，釀成了「二二八」的流血衝突。繼而事件轉變成國家暴力的肆虐。剛剛率軍打入中共老巢延安的蔣介石，一心要防止中共流竄，相信台灣衝突是中共地下黨的傑作，立刻派重兵渡海鎮壓。軍隊上岸，先是盲目掃射屠殺，許多人不明不白就陳屍街頭，或沉屍港中。繼而又有列冊捉捕台灣社會菁英的「清鄉運動」，深入各地藉捕殺來屈服台灣人民反抗意志。

事件前後時間雖短，密集恐怖的夢魘卻不可能遺忘。更糟的是，事件之後，國民黨威權管制還刻意假裝這整件事沒存在過。被壓抑被取消的記憶，不會眞的不見，只會進入潛意識，變成更固執更激烈的價值。

表面看來嚇壞了、多年保持馴服的台灣人，潛意識裡形成了鋼鐵般冷硬的價值判斷——國民黨陰狠、可怕，搶奪劫掠無惡不作。這種價值映照下，國民黨當然不是「同胞」，是另一群外來者，而且因爲憎惡現在擁有權力威權控制的這群外來者，相應地美化了過去的殖民統治者。「寧可做日本人殖民地的子民，也還勝過被國民黨管啊！」多少台灣人不敢表白的內心，形成了這樣的潛藏吶喊。

## 「反共教育」加強反中情緒

這股歷史力量，又和另外一股歷史力量匯合，形成了更強大的「反中」伏流。那就是國民黨在台灣施行的「反共教育」，尤其是反共教育中，無所不在的「恐共情結」。要反共先要解釋為什麼共產黨會坐大，占據中國，把國民黨趕到台灣來。剛到台灣，國民黨「改造委員會」的確努力就大陸失敗做了許多檢討，也以排除孔宋家族與陳氏兄弟勢力為主軸，進行了組織的徹底再造。然而無論如何碰觸不到的盲點，是「領袖」的責任、「領袖」犯下的錯誤。

不能檢討蔣介石的錯誤與責任，在台灣要維持、甚至還要強化蔣介石的個人崇拜，那麼就只能將打敗蔣介石的「共匪」「妖魔化」。「妖魔」先天上就不是人力所能抵擋的，所以蔣介石沒有錯。然而中共成了「妖魔」，又要如何阻止人們害怕中共呢？

妖魔化後的中共，長什麼樣子？狡猾奸詐、說話不算話、邊談邊打的兩手策略以及殺人不眨眼。如此設計中共形象的國民黨宣傳機器，絕對沒有意識到：狡猾奸詐、說話不算話、邊談邊打的兩手策略以及殺人不眨眼，正是經歷「二二八」的台灣人民心理底層，對國民黨的印象。

反共教育結果坐實了台灣人的恐懼——中國人，國民黨和共產黨都一樣，就是狡猾奸詐、說話不算話、玩邊談邊打兩手策略而且殺人不眨眼的！

讀《聖經》的李登輝，很自然會將台灣人與中國人的關係，想像成爲以色列人和埃及人的關係。在埃及人統治下的以色列人「因做苦工，就嘆息哀求，他們的哀聲達於神」，神才叫摩西去帶領以色列人出埃及。這個圖像清楚說明了這些台灣人心目中與中國、中國人之間的關係。

李登輝的英雄地位，有一部分是完全不會受到他的過去（包括參加共產黨或對蔣經國畢恭畢敬那段），還是他後來的轉變（痛斥宋楚瑜、和連戰翻臉，乃至於爲了「扁宋會」與陳水扁關係緊張）影響的。因爲在那眾多「厭中」、「恐中」的人們心裡，李登輝是第一個、幾乎也是唯一一個，既敢從內部對付國民黨、又敢向外要得共產黨團團轉的台灣人。一個在對中國作戰上，雙重戰線都取得勝利的英雄。

越討厭中國的人，越崇拜李登輝，這些人反對國民黨，政治上本來傾向民進黨，李登輝還在當國民黨黨主席時，他們都要面臨在民進黨與李登輝個人間的忠誠分裂。李登輝離開國民黨，解決了這種分裂問題，卻也使得李登輝與民進黨的兩岸政策，快速結合爲一。

## 厭中、恐中的深刻情緒

一輩子「厭中」、「恐中」的人，好不容易活著看到國民黨在台灣交出政權，怎麼可能期待中國大陸崛起？又怎麼不感受到中國崛起，對台灣的巨大威脅呢？

還好，他們找到了兩顆定心丸，讓自己在面對中國時，不需軟弱。一顆定心丸是，中國人中國文化的內在性格，那些令人厭惡的狡猾奸詐等質素，無法應付現代經濟與現代社會的要求，中國的政治與社會結構體質薄弱，也無法承受經濟發展帶來的巨大壓力。換句話說，中國終將被自己的經濟成就給壓垮、崩潰。

另外還有一顆定心丸則是——美國的態度。做爲老大哥，美國不可能坐視對世界和平有高度威脅的一個共產國家，而且還是人口最多的共產國家，成爲經濟大國。美國也不可能坐視中國威脅台灣，台灣不管用什麼方式倒向中國，都不符美國國家利益。我們可以得到美國保護，我們也應該和美國站在一起，防堵中國。

## 第三節　美國「單邊主義」下的美中關係

兩股歷史力量加兩顆現實定心丸打造出來的「反中」立場，可以理解，卻不見得通得過理性的檢驗。這個立場——讓我們跟中國保持距離，免得中國垮台時台灣受到連累——最大的問題在於無法呼應、處理許多最新的全球狀態。

未來的歷史學家，描述二十一世紀人類變化，應該免不了要提兩樁意義深遠的大事件——二〇〇一年的「九一一事件」，以及二〇〇三世界貿易組織（WTO）在墨西哥坎昆進行的會議，這兩件事大幅改變了原先的國際勢力分布，將國際互動行爲震離了既有的軌道。

### 美國不是以前那個美國

先看「九一一」吧。美國國土遭受有史以來最嚴重的攻擊，紐約地標世貿中心兩座高樓倒塌，超過兩千人在事件中殉難。「九一一」徹底改變了美國政府的思維。

美國不再安全。

冷戰結束，過去半世紀對美國構成最大威脅的蘇聯集團，一夕土崩瓦解灰飛煙滅，看來自由民主與資本主義市場機制大獲全勝。日裔美籍的學者法蘭西斯・福山，甚至做出了「歷史終結」的評論，引領起好一陣風潮。

「歷史終結」聽來誇張傲慢，可是在那個時間的氣氛中，不能說全無道理。福山講的「歷史」，不是一般廣義「過去經驗總和」的那個「歷史」，而是黑格爾哲學裡遵循「正反合」辯證模式，有方向有目的的大寫的「歷史」。

照福山的看法，十九、二十世紀，「歷史」正反合的階段一步步螺旋式地演變，看來看去，應該就是民主與市場獲勝，再來生出對民主與市場的反動，兩者衝突相激，最後浮現出更高一層的民主與市場原則。如果這就是「歷史」的方向，那麼冷戰結束後，我們已經很難想像，還會有什麼樣的「反動」。「歷史」，至少是這個方向的「歷史」，不再出現內在的變化動能，也就是走到了目的終點了。

多少人願意跟隨福山進行黑格爾式的歷史哲學思考，不是重點。重點是許多美國人願意相信：自由民主與資本主義市場機制，大獲全勝，成了人類的共同存在原理原則了。這種樂觀氣氛，瀰漫了九〇年代的美國。

「九一一」終結了美國的樂觀。「九一一」突如其來的攻擊，負責美國安全的聯邦三大機構NSA、CIA和FBI，都沒能掌握情報發出警告，增加了事件的恐怖成分。「九一一」的攻擊，如此壯觀，又如此一無遮蔽地直接透過電視轉播，呈現在美國人眼前，強化了美國人自覺脆弱無助的情緒。「九一一」罹難的每一個人，都和賓拉登、和「蓋達組織」無冤無仇，每一個死掉的都是無辜的人，如此明白清楚地違背正義原則，也激發了美國人的深沉憤怒。

「九一一」將美國由「世界霸主」，打成了「受害者」。儘管從客觀條件上，美國的霸主分量，不可能因爲「九一一」而有什麼減損，美國仍是世界最大的經濟體、擁有世界超強的軍力，可是美國人主觀覺得自己很無助、很可憐，生活在無可預測的恐懼中。

美國人當然不能習慣這種切身的、巨大的恐懼。於是在那個當下，他們願意付出任何代價，爲無辜受害者復仇，並追求「免於恐懼的自由」。

## 「單邊主義」的興起

這股衝動，改造了美國政府、改造了美國政治。「九一一」發生之前，布希總統是個「偷走大位」的人，不光明不磊落的選舉過程、人民總票數輸給高爾五十萬票的事實，如影隨形緊緊綁住布希，使他沒辦法有所作爲。

「九一一」之後，布希脫胎換骨，成了美國人引領殷盼的領袖。美國人民授權他對阿富汗發動戰爭，以便追捕賓拉登與「蓋達組織」，爲死難者報仇。更進一步，美國人民授權他成立「國土安全部」，用上種種違反人權的手段，以便確保「免於恐懼的自由」。

「受害者」的憤懣與恐懼，刺激美國政府改變了在世界中的自我形象。爲了不再受到攻擊、侵擾，美國應該使用本身的實力，占先（preemptive）地排除可能產生威脅的目標。

「九一一」經驗，使得國土安全原則在美國無限上綱，凌駕在所有其他原則之上。不只是人權理念被暫時擱置了，就連國際集體安全機制、友邦協商慣例，乃至於他國疆界阻礙，都擋不住美國「保護自己」的強烈意志。

二〇〇三年美國悍然出兵伊拉克，強迫伊拉克「政權改變」，趕走、進而逮捕了總統海珊，正是這份強烈意志的具體實例。而真正最能表達這份強烈意志的，則是布希總統在外交上「單邊主義」的強硬路線。

「單邊主義」的精髓在：牽涉美國安全的問題，美國要保有不受任何其他程序、其他考量牽制的行動自由。翻譯成具體的語言，就應該是：哪個國家哪個組織可能威脅美國，美國就有權將他們幹掉，美國要採取行動幹掉這些國家這些組織，不需徵詢任何人意見，也不允許任何力量掣肘。

「單邊主義」是「一元霸權」的美化名詞。「一元霸權」的態度就是「老子愛怎樣就怎樣！」不過當然，美國政府畢竟還沒有狂妄、魯莽到準備要與全世界為敵。「單邊主義」不願受拘束，然而「單邊主義」畢竟不是視所有外人為仇敵的義和團心態。

「單邊主義」外交策略中，有一個關鍵、細膩的部分，那就是美國要找出、標定他們認為的威脅目標。不管是「恐怖主義」或「邪惡軸心」，一旦被美國鎖定了，就不容許其他勢力介入扞格美國的行動自由。

所以「單邊主義」的另一面，美國外交上必須要做的工作，是以各種手段，確保世界主要大國，對美國選定的目標，不會有意見，不敢有意見，或不能有意見。

## 「單邊主義」下的外交策略

美國最想取得的單邊行動自由，除了牽涉到伊拉克、敘利亞所在的中東阿拉伯地區，另外就是緊臨阿富汗、伊朗的中亞地區了。

中東與中亞的外交考量，從「九一一」之後，微妙地牽扯著美國和中國大陸之間的關係。

中亞等於是中國的後門，不只地理位置接近，而且中亞民族與新疆的維吾爾人頗為接近，維吾爾又是新疆最大的「少數民族」，「藏獨運動」的主幹，中國怎能掉以輕心？歷史上，中國曾經和蘇聯在中亞短兵相接爭奪影響範圍，也曾在這裡大玩特玩與印度、巴基斯坦間的合縱連橫權力遊戲。

中國還是一九五五年「萬隆會議」之後，「第三世界」、「不結盟國家」中的要角，傳統保持和阿拉伯世界相當密切的關係。

美國要獲得「單邊自由」，就得爭取中國對這些地區「睜一眼閉一眼」，這項考量在美國外交議程中占有重要地位，主宰了美中關係的當前走向。

在美中關係上，今天的美國，已經不是九〇年代前期、中期的那個美國了。

一九八九年「天安門事件」，給了美國人最大的惡感。許多人記得的中國政府，是一個在國際媒體凝視記錄下，公然屠殺自己人民的野蠻政府。一個不民主不自由不文明的共產主義政權，緊抓著不義的權力不放。

那樣的惡劣比較對照下，美國社會，尤其是美國國會，湧現了對台灣空前的好感。台灣政治上民主化的成就、經貿上自由化的努力，都和美國的精神相接近，沒有道理因為考慮中國而疏遠台灣、犧牲台灣。

那樣的氣氛下，老布希總統批准了F16戰機售台案，柯林頓總統不理會國務院的強烈反對，批准了李登輝訪問母校康乃爾大學的行程，後來又在中共軍演中派遣航空母艦到台灣海峽。

這是李登輝記得的美國態度，這也是支持李登輝與陳水扁的人，選擇相信的美國態度。可是，這顯然不是當下現實，以及放眼未來十年，美國政府與美國社會會有的態度。

## 美國國務院長期對台不友善

美國政府國務院，長期對台灣不友善。說穿了道理也蠻簡單、蠻直接的，台灣事務在國務院官僚體系中，屬「中國科」範圍。想想看，學中文、每天追著東亞新聞跑的「中國科」外交人員，他們的事業前途在哪裡？在台灣還是在中國？用膝蓋想也知道答案。對台灣友善，必定要惹來中國不愉快，甚至會被「點油做記號」，將來怎麼跟中國打交道？有機會外放去中國當領事，難道不怕被中國拒絕嗎？這就難怪國務院官員總是以青白眼對台灣，總是認定美國利益在美中關係，而非台美關係的維護上了。

美國外交傳統上，中東地區一向是國務院最重要的焦點，其次則是歐洲。歷任美國總統出訪，幾乎沒有例外，去中東、歐洲的次數一定最多。八〇年代日本興起，挾強大經濟能力在世界上呼風喚雨，美國媒體就曾集中火力批判國務院在對日、對亞洲外交上，做得太少、做得太遲。

這樣的內部權力結構，最近幾年因爲中國興起，有了改變，又因爲「九一一」造成的效應，有了更大的改變。過去一直處於小媳婦地位的「中亞」、「中國」部門，現在有機會躍升為國務院內的要角，這些職業外交官們，會不努力以赴卡位卡權力嗎？他們卡位卡權力的方式，會選擇親中共還是親台灣？唉，這又是用膝蓋想都能得到答案的。

## 美國民間也向中國傾斜

再看美國國會與美國民間吧。二〇〇〇年四月美國那斯達克大崩盤、網路神話破滅，一個效應就是原本綁在美國高科技公司身上的大筆資金，驚慌逃竄。九〇年代的股市榮景，使得股票投資成了美國全民運動，參與在股市交易的美國家庭突破百分之五十。所以這些逃竄的資金，不只是大資本家的錢，還有大量美國散戶的財產。這些錢去了哪裡？一大部分進到中國。

前一陣子，中國企業「聯想」併購ＩＢＭ筆記電腦部門，成為頭條大新聞。似乎中國虎視眈眈，就要躍起吞掉美國了。其實，倒過來的發展方向，可能更值得探討。那就是美國資金在中國扮演的角色。多少美國人實質上是中國公司的股東、老闆，他們的財富與中國經濟表現，息息相關。

這種背景下，美國民間不可能再抱持敵意態度對待中國，依靠民意取得權力、又因選舉募款需要而對商業變動格外敏感的國會議員，又怎麼可能有不同傾向呢？

## 第四節　國際「自由貿易協定」潮流帶來的新威脅

再來看「坎昆會議」。

在國際進步團體與經貿弱勢國家聯手下，「坎昆會議」實質宣告了：世界貿易組織WTO無法依照原本的規畫，成為「經濟聯合國」。

第二次世界大戰結束後，全球貿易量以驚人速率成長。大家都看得出來，打破關稅或非關稅壁壘，讓貨物能自由流通，將給全世界帶來莫大的成長，並且解決許多與地區性供需相關的問題。然而，不同發展階段的國家，在貿易與保護之間有不一樣的考量，大家都想既打入別人的市場，又保護自己的市場，總結果是各個市場封閉依舊。

為了解決這個問題，而有了關稅同盟GATT漫長的談判。從GATT轉型成WTO，意謂著經貿規範，可以從協商會議轉到固定組織裡來解決。構造WTO的過程中，各參與國之間又進行了冗長而詳密的談判，達成組織上的共識，看來以WTO為樞紐來解決貿易糾紛，朝向一個快速自由化全球貿易環境前進，大爲樂觀。

良法美意，怎麼會短短幾年中就變調了呢？第一個因素是，WTO只處理、也只能處理經貿議案，但經貿卻不可能眞正從國家、社會集體生活中獨立切開來。經貿牽涉人的生計，也牽涉文化的存續，許多擔心WTO帶來全球「均一化」的文化人士，陸續集結反對勢力。也有擔心經貿進一步惡化社會內部貧富差距的社會人士，大聲說出他們的抗議。

第二個因素則是，再怎麼公平的組織，都不可能讓大國小國擁有一樣的權力。大國決定的事，怎麼可能完全符合小國的利益呢？小國參加WTO，有一大半是出於無奈不得已的心情，並不是相信WTO能替自己帶來多大的利益，而是害怕被WTO排除在外，將遭受極嚴重的損失。

二〇〇三年造成「坎昆會議」歷史性結果的，則是加上了第三因素。本來這些小國認定「別無選擇」的領域中，有了新的選擇。那就是國與國之間，或區域性的「自由貿易協定」（FTA）。

## 「自由貿易協定」異軍突起

今天的「歐盟」，其前身「歐洲共同市場」，就是一種「自由貿易協定」。九〇年代，美國也主導了「北美自由貿易協定」（NAFTA），原本經濟起起落落極不穩定的墨西哥，成了最大受益者。

無力在WTO中主導議事的小國，看到了FTA的功用。「坎昆會議」中起而杯葛大國議程的行動，最衝的是幾個東南亞國家。馬來西亞、泰國憑什麼那麼勇那麼敢衝？因為東南亞國協正朝「自由貿易區」蛻變，而且東南亞國協已經爭取到了日本和中國，這兩大經濟體的認可，願意跟他們簽署「十加一」、「十加二」的協定。當區域經濟可以用這種方式聯合起來，他們就覺得不必再看WTO中幾個大國的臉色了！

小國揭竿而起，配合非政府組織，裡應外合，大大削弱了WTO的協調、約束能力。「坎昆會議」和「九一一」一樣，終結了一個時代，一個對市場機制過度樂觀的時代。

「坎昆會議」也和「九一一」一樣，給台灣帶來新的危機。想想台灣花了多少年、費去多少工夫，才進到WTO。雖然我們的經濟規模沒那麼大，但在看待WTO的立場上，台灣卻和其他「小國」，大相逕庭。不只是因爲台灣經濟高度依賴外貿活動，更重要的還在：WTO成了我們參與國際社會的最大希望。

所有政治性的國際組織，都在中共壓力下，對我們關閉了大門，難得有全球性、經濟性的WTO可以接納我們。加入WTO，讓台灣免於在世界經濟發展變動中，被邊緣化、被排除在外。而且台灣與中國大陸，同屬WTO會員，兩岸之間曖昧卻又極度活絡的經貿往來關係，找到了一個可以公開、和平談判、處理的平台。透過WTO，保障了台商在中國至少可以得到公平競爭的機會。

## WTO岌岌可危

這些對WTO的期待，在「坎昆會議」後，相應大打折扣。FTA取代WTO的趨勢，構成了對台灣的巨大威脅，我們輕易可以想見，誰會願意跟台灣簽自由貿易協定呢？

簽有FTA的國家間，藉由低關稅甚至無關稅激勵，一定會有較爲頻密的貿易往來；相對地，沒有FTA庇佑的國家，等於多了貿易上的障礙。台灣的國家主權問題、中國握有的龐大政治、經濟籌碼，勢必讓台灣在FTA的潮流中，寸步難行，逐漸被其他互簽FTA的國家推向邊緣。

兩年的時間，還不足以讓台灣感受FTA的威力，如果FTA再進一步發展，台灣經濟被邊緣化了，怎麼辦？

## 第五節　敵對中國卻得罪美國

這些條件加起來，就是將台灣逼到對中國大陸是戰或是和的選擇了。

這裡講的「戰」與「和」，除了有軍事武力上的意義之外，更是廣義的基本態度，也就是說，主觀上我們到底選擇要跟中國和解做朋友，還是敵對做仇人。

是戰還是和，決定十年後台灣的命運，選戰或選和，十年後的台灣一定大大不同，毫無疑義。

是戰還是和，主觀上的態度，不見得就帶來客觀上戰或和的結果，畢竟沒有人能控制所有變數。可是，戰的態度，會引發連鎖反應；和的態度，會引發另一組連鎖反應，這些反應的連動模式，是我們可以預先研究、探討的。

當然有可能，求戰反而得到和平。如果求戰的人擁有堅強的實力，或瘋狂的決心，那麼對方可能畏怯讓步，得到以戰逼和的結果。

當然有可能，求和反而帶來戰爭，如果求和的舉措被視為懦弱害怕，刺激起對手更貪婪的野心。

我們可以、也應該將這些變數，統統納入考慮。

## 李扁的「戰」的路線

先算算台灣有什麼樣「戰」的條件。

有人可能會說，台灣有條件對中國強硬，最好的證明就是：過去將近十年間，兩岸關係從來沒有平順過，李登輝明白、公開以「兩國論」挑釁中共，陳水扁則是宣布要制憲行憲，又推動與國家主權關係敏感的公投，台灣依然屹立好好的。多少次神經緊張的人預言：「馬上要打了！」結果呢？有打嗎？

是的，台灣這幾年的確是選擇了「戰」的態度。不過這種「戰」的敵意展現，換來的效果，值得進一步探討。

看看中共反應的演變吧。九六年強力干擾，不僅意圖讓李登輝落選，更是對台灣放棄「法統」，直接民選總統的大警告。「兩國論」風暴中，中共發表了措辭嚴厲的聲明，還發動了一場陣線既廣且長的國際宣傳戰。二〇〇〇總統大選前，又由朱鎔基公開對「台獨分子」疾言厲色一番。

可是等到陳水扁上任後，中共的反應強度明顯下降了。對原本他們眼中的「台獨分子」贏得總統大選，中共的反應是「聽其言觀其行」。多次陳水扁試探接近台獨紅線的言談，中共都選擇不予回應。就連陳水扁要制憲、後來推公投，中共也不曾再有像李登輝訪美或提出「兩國論」時的狂怒表現。

有人認爲中共吃到苦頭學到教訓。他們越是表達強烈立場，越是在台灣造成反效果，所以乾脆「冷處理」。這只是其中一項因素。

更重要的，應該還是這幾年間，中國政府與中國社會，注意力焦點的轉移。

我最早在八〇年代後期，就接觸了中國留學生。我還記得去美國念書時，遇見的第一位中國留學生，出身廣東中山大學，到哈佛念經濟學。開學第一週，這位同學急得像熱鍋上螞蟻，跑來找我求救。他英文應付不過來，是意料中事，我自己的英文也沒好到哪裡去，幫不了忙。他找我不是爲了英文，而是他在課堂上拿到的經濟學論文，怎麼讀都讀不懂。從術語到基本概念，跟他在中國大陸念了幾年、也考過學位的那種經濟學，完全不同。

他學的是社會主義、馬克思主義的經濟學，完全搞不懂資本主義的經濟學。竟然是在他的專業上，我成了他的臨時指導員，靠著一點「個體經濟學」、「總體經濟學」的入門概念，幫他緊急惡補。

透過這位朋友，我接觸到了校園裡大部分的大陸留學生，和他們交往的過程，讓我留下深刻印象的，是他們對台灣完全一致的反應。羨慕台灣富裕，堅持台灣是中國的一部分，不允許一點點台灣獨立的空間，贊成中共政府必要時以武力阻止台獨，「收回」台灣。

最近幾年，我有機會在美國在大陸在台灣，和這些當年的舊識重逢。見面交談，免不了還是要談兩岸局勢，讓我驚訝的是，許多人明顯改變了。最大的改變，來自他們對台灣經濟的觀感。好幾位非但不再羨慕，還能尖銳地指摘台灣經濟結構或策略上的缺失。那位當年找我幫他惡補「資本主義經濟學」的老友，現在最熱衷談的話題，是台灣在國際資本架構中的「淺碟危機」。

我在這些人的談話中，讀到了中國社會普遍對台灣的「幻滅」。以前，台灣讓他們眼紅，因爲台灣那麼有錢，中國大陸那麼窮。心中強烈的嫉妒（jealousy），很容易就轉化爲強烈的、自以爲是的正義感（justice）。那個時代，中國大陸的民族主義情緒中，混雜著複雜的渴求：「怎麼能讓這麼有錢的台灣跑掉？中國最有錢的一部分，卻想要離開我們，多麼自私！」這是他們心底的想法。

不准台灣獨立，就是不讓財富被台灣人獨吞。不准外國勢力介入，就是不讓財富被外國人偷走。在自身匱乏的人眼中，任何可能是他的，都如此珍貴，絕對不容丟失。

## 中國對台灣的興趣降低了

這種心情，最近快速消失了。中國大陸本身經濟發展，給他們帶來了自信。從他們今天的消費水準看，至少從中國社會部分富人的消費水準看，不只台灣，全世界都沒幾個有錢到讓他們既羨慕又嫉妒的國家。

還有，他們逐漸熟悉了資本、市場的運作邏輯，知道了自己是世界經濟成長的中心，他們更自信了。這個時候看台灣，他們不會只看到閃亮的金幣，他們看到台灣賺到財富的方式，也看到台灣進一步賺更多錢的限制。

我的這些舊識，大部分都還是民族主義者。然而談到台灣問題時，卻多半沒有火氣了。儘管絕不鬆口說可以容許台獨或討論台獨，倒也沒有堅決意志，準備要用武力對付台獨。一次談話中，我記起當年一位大陸留學生，好客地請我們到他家中吃道地的北京烤鴨，聊到台灣問題時卻突然臉色一變，憤恨地說：「如果要台獨，連我都會立刻回大陸，參加解放軍打你們！」那位朋友爲自己當年的魯莽羞紅了臉，哈哈大笑，接著只談烤鴨，絕口不提解放軍。

老實說，中國大陸沒那麼強烈動機，將自己的注意力放在台灣上了。經濟發展、市場競爭、商業來往，乃至如何運用新賺來的錢改善生活，這些才是他們今天眞正關心的。當台灣的財富在他們眼中褪色時，台灣的重要性也在他們心中淡化了。

才沒幾年前，「三通」是兩岸間緊張角力的焦點，中國急於推動「三通」，台灣則以「三通」爲籌碼，意圖藉此爭取主權地位與較大的外交空間。幾年拖下來，現在所有涉及兩岸事務的人，都異口同聲說：「『三通』不再是台灣的籌碼了。」爲什麼不是籌碼？因爲中共越來越不在乎通不通。當年，「三通」是中國想要參與台灣經濟與財富系統的一條管道，現在情勢反轉，「三通」成了台灣想要參與中國經濟與財富系統的一條管道。

這幾年，大陸民間忙於賺錢，而且確實賺到了錢，沒太大興趣管台灣。這幾年，中國共產黨政府更忙。黨內接班，要忙。預防經濟過熱，要忙。「宏觀調控」，要忙。國營企業轉型與安置下崗工人，要忙。安排招商引資，要忙。開發大西北及平衡沿岸內陸發展，要忙。各地都市翻新，要忙。維持人民幣價位，更要忙。

忙不過來了，這個政府。台灣在事務快速衍生的中共政府視野中，相對位置越來越邊緣、體積也越來越小了。

就看你要用什麼觀點來評斷。你可以從好的一面看，中共被自己的內部變化綁住了，無暇也無意多管台灣，台灣問題也越來越沒有迫切性；你也可以從壞的一面看，台灣也因此快速流失在中國投資發展的特殊地位，以及和中共談判的主導權。

## 北京、台北與華盛頓

從李登輝到陳水扁，台灣官方「戰」的態度，中共慢慢也琢磨出一套應付的辦法。

除了行禮如儀開記者會宣布，「絕不允許分裂國土的行爲」外，還向美國抱怨告狀。雖然在民族主義大方針下，兩岸關係是絕對不准「外力介入中國內部事務」，實際上中共才沒那麼僵化固守自己的「民族陣線」。嘴上不能說，中共在行動上卻默認了美國是兩岸關係上的重要中介者。中共更在經驗教訓裡學到了：要約束台灣，最好的方式是訴諸美國人的權威。改寫一句列寧的名言：「從北京到台北，最近的路線是經過華盛頓。」

華盛頓成了兩岸的連接點，換另一個角度看，中共得以藉台灣議題，與美國形成新的、曖昧的聯盟關係。台灣每次響起戰鼓，中共眞正嚴厲的臉色，都不是對著台灣，而是對向美國。「這傢伙又惹我了，你看著辦吧！」是中國反覆給美國遞送的訊息。

美國當然不願意台海生事，於是每一次每一次，美國都會介入警告台灣。所以這幾年「戰」的態度帶來的，其實是美國高度不滿，也一再升高對台灣的壓力。不滿與壓力，在二〇〇四年到達了最高點。

六千一百零八億軍售，如此鮮明象徵了美中台三角關係的典範大挪移。從一九七九年斷交以來，美國表達對台灣不滿的方式，向來是威脅要裁減軍售，對台軍售一貫也是美中關係中最緊張的一環。這次，美國對陳水扁政府的作爲暴跳如雷，可是接下來要求的，非但不是停止軍售，而是塞來天文數字的空前大軍售案。

更値得注意的，這樁軍購案在台灣引起軒然大波，可是中共方面卻冷靜得很，一直按兵不動。而且中美雙方外交互動依然頻繁，來去訪問密集，絲毫不受懸在半空的軍售案影響。

這是怎麼回事？合理的解釋，美國智庫觀察家的分析是：布希政府要利用陳水扁躁進引起的美方惡感，替軍火工業賺一筆大錢；而中國方面對這樣的軍售不會有強烈的反對，因爲中國看得出來，台灣對美國高度依賴，在現階段對他們不是什麼壞事，台灣反而可以成爲中國與美國談判的籌碼。

## 美、中因台灣而越走越近

檢視這一連串的變化，我們走「戰」的強硬路線，沒錯，是沒帶來戰爭的結果，未來十年大概也不至於引發戰爭，可是在「沒有戰爭」的背後，卻付出了許多慘重的、不容易察覺的代價。

付出對美關係的代價，間接促進中共與美國的同盟關係，還讓美中關係架構裡，中國的發言權增加。「戰」的目的，本來是要壓過中國，凸顯台灣，不是嗎？可是「戰」

的手段，卻帶來了完全相反的效果。

未來十年，中國經濟還會繼續發展，加上二〇〇八年的北京奧運、二〇一〇年的上海世界博覽會，兩岸開戰的可能性非常低。「反分裂國家法」看似強硬，然而立法過程間，中共不只向美國傳達意念爭取支持，還派國台辦副主任孫亞夫到日本溝通，都顯示了中共前所未爲的柔軟一面。

如果選擇「戰」的態度，未來十年，中國經濟狀況持續繁榮的話，台灣會漸漸與中國爲核心、日韓及東南亞國協都參與其中的東亞經濟體系漸行漸遠，必須另找出路。要是萬一中國經濟狀況逆轉變壞，那麼兩岸就會有眞正爆發武力衝突的危機。

中國好，台灣就被更進一步孤立、邊緣化；中國變壞，台灣就可能要面臨一戰。這是「戰」的態度會帶來的兩種結果。

我們要這樣的結果嗎？

## 第六節 簡單而實在的「和平相處」三大原則

轉而思考「和」吧！

思考「和」的態度，先要考慮：「和」有可能嗎，「和」眞的是一個「選項」（option）嗎？再來要問：「和」會帶給未來十年什麼樣的後果？最後問：如果要「和」，怎麼「和」呢？

有人堅持「和」根本不是一個選項。理由：不管台灣如何釋放善意，中國非理性的民族主義就是要打壓台灣，這中間沒有雙方善意互動的可能。中共「一個中國」的原則，「台灣是中國一部分」的主張，外交上封鎖台灣的作法，證明了他們對台灣主權的徹底否認，逼迫台灣只能無條件投降的惡霸態度。跟這種人，怎麼「和」？

這種看法，値得耐心深入探究。

關於中國的民族主義，前面已經舉許多例子說明了：沒錯，民族主義是中國的主要意識型態，然而民族主義畢竟是中國歷史長期被欺壓，在逆境中自卑且自大的一種反應。走改革開放道路以來，中國經濟成長，在國際間越來越重要，有了自信的人，不會再那麼需要民族沙文主義的保護與安慰了。民族主義沒那麼快消逝，未來十年內都不太可能，不過民族主義的強度與內容，卻會隨著環境變動而調整。

## 中共非理性嗎？

再者，中共是不是一個非理性的政權，我們無法預測其行爲？「大躍進」、「文化大革命」、「天安門事件」，這些確實很難用理性來解釋，難怪人家懷疑。但是看歷史，我們應該看到另外一面，那就是在對外關係上，中共的路線與作法，一向清澈明晰。

一九六〇年代後期，大陸內部正在文革的瘋狂狀態中，由周恩來主導的中國外交事務，卻積極地尋求重返國際社會，尤其集中力量要在聯合國中國代表權上創造突破。雖然中共與俄共已決裂多時，中國還是有辦法在聯合國運作出足夠席次，年年挑戰台灣的代表權地位。或許應該說，正因爲中共與俄共決裂多時，中國才表現出如此的積極作爲，非要闖進聯合國不可。

一九七一年在聯合國闖關成功，下一個階段外交工作重點，就成了對美親善。還是一樣，國內搞批林批孔、又有周恩來逝世和「四五事件」，但外交方向卻沒有搖擺。一分分、一吋吋突破與美國之間的障礙，充分掌握美國急於「聯中制蘇」的心理，終於在一九七九年年底，完成了和美國建交的任務。

對照中國內部的騷動，我們不得不驚訝於其對外政策的平穩堅定。從毛時代後期歷經四人幫垮台，再到鄧小平接班，中國一步步走出原來的封閉，與國際互動。就算經歷八九年天安門事件大挫折，這個方向竟然也沒脫軌，而且幾十年整體看下去，外交政策從規畫到執行，有爲有守，有理有節。整體看來，不要刻意去誇張過程中的誤會失著，中國的外交，再理性不過，甚至可能比美國還要理性，例如中國與越南間的戰爭，不管目的或手段，都比美國的越戰，清楚明確吧。

中共不是不可預期的，只是看我們願不願意去分析、去預期。在不相信中共可預期的人眼中，中共的作爲才會看來全無章法。

所以不可能沒有「和」的條件。「以小事大」的台灣，如果要「和」，作法與前提其實也不會多困難多複雜吧。

## 不困難也不複雜的「三原則」

與中共官方保持適當距離，盡量拉近與大陸民間的關係，是「和」的第一條原則。

在經濟上可以積極主動，在政治互動上保持謹慎被動，是「和」的第二條原則。

爭取擱置爭議的空間，在沒有爭議，只牽涉技術層次的事務，則不妨誠意協商，訂出長期且鉅細靡遺的規範來，是「和」的第三條原則。

三條，只需要這樣三條抽象綱領，台灣就可以安心大膽走上「和」的道路。這三條原則，也是從八〇年代以來，累積二十年兩岸來往經驗，淬鍊出的集體智慧。

三條原則指導下，許多看來混濁飄浮的議題，都可以沉澱下來得到答案。「和」的選擇，不是也不需否認中國政治意識型態造成的框架，這部分當然存在，但我們該問、該仔細檢驗：在既有的框架下，台灣已經充分運用框架中的有限空間了嗎？然後我們才能進一步遠見探討：那目前圍出來的這個框架，哪些部分是眞的、哪些部分其實是虛空想像的？哪些部分是硬的、哪些部分其實是有彈性的？哪些部分是固定不變的、哪些部分其實是會變可變甚至就是正在變的？

例如，在民間交流方面，我們窮盡了這個框架的可能嗎？當然沒有。大陸人士來台，仍然限制重重，甚至連生活在大陸的台商，要回台灣，都受到三通不通的阻礙。台商去了那麼多，可是足以讓中國進一步感受瞭解台灣的經濟、社會、文化訊息，去了多少？

問問大陸名作家余秋雨吧！他對台灣的認知、印象，和他周圍其他大陸中國人，有多大的差距？當對台灣，尤其是台灣的文化成就，有像余秋雨那樣的認知時，難道不會因為珍惜「雲門」珍惜林懷民，而對台灣有更深於民族主義口號的感情嗎？試問：每個大陸中國人都像余秋雨一樣瞭解台灣的話，兩岸關係會朝好的方向還是壞的方向發展呢？

兩岸人才的交流，又是一個明明框架沒綁死，卻未見開發的領域。以前台灣的經營管理人才，大量浥注中國，協助中國渡過初期市場化的考驗，今天中國人才多元發展，連謝長廷院長都看得到這中間可以和台灣產生互補的好處了。

還有，台灣企業「全球布局」過程中，要到大陸去衝刺時，是被中國那邊的框框擋住的嗎？當然不是，聯電的代理公司和艦可以順利登陸，卻幾乎通不過台灣檢調的奇襲。

## 以誠實為上策

框框，有的；障礙，有的；互信，不夠；真誠，不夠。這些都是事實。不過事實的另一面，我們不該否認的——框框，往往不是碰到對岸的框框，我們這邊的框框比人家的還要窄小。障礙，不完全是那邊的障礙，我們這邊還疊堆更多各式各樣障礙。

未來十年，兩岸關係最好的策略，剛好正是西諺訓誨的做人最好的策略——誠實。對中國誠實，對美國誠實，也對自己誠實。

誠實推動兩岸民間交流，別老把別人當賊來防；

誠實以資金與人才參與並分享大陸經濟成果，別老想不勞而獲或打了就跑；

誠實面對兩岸必須協商解決的每一項細節，別偷懶製造後遺症。

用三大原則，走十年「和」的道路，台灣會走到寬闊的草原上，絕不會走到峻峭的懸崖邊的。

第二章

# 民主的挑戰

## 第一節　民主曾經是台灣最需要的救命丸

二〇〇四年三月底的一個夜晚，我朝仁愛路的方向，緩步離開凱達格蘭大道。所經之處，聚著一群一群人眾，可是他們意外地安靜，安靜到我不再曉得該不該稱之爲「群眾」。

「群眾」可以是盲目的，「群眾」可以爲了任何荒謬、無聊的理由聚集在一起，但「群眾」總該要是熱情的、騷動的、嘈譁的吧？聚集不就是爲了要發洩，要表達，要製造出袪除寂寞的熱度來嗎？

可是在那裡，一張張臉上或許有悲憤、或許有堅毅，卻完全沒有群眾中應該看得到的激動與自信。這些人，活在惶惑中，我從他們臉上讀到。惶惑逼使他們深夜繼續流連在廣場上，可是他們到了廣場，還是排除不掉那比夜還要深的惶惑。

在廣場最邊緣處，我最後一次回頭，空中白紙飄舞，兩個斗大的「民主」映入我眼中，那瞬間，我明白了：從這個時候開始，「民主」不再是答案，而是台灣面臨的嚴峻挑戰。

十年後的台灣會如何，一個關鍵就在這十年內，我們將用什麼方式，通過「民主考驗」，我們能不能「從民主中存活過來」(survive democracy)。

## 「民主」本來是答案

有很長一段時間，「民主」是台灣諸多問題的共同答案。台灣的困境，從政治到經濟到教育到文化，幾乎都源自於民主的匱乏。民主或許不是解決一切的萬靈丹，不過在那個時代，我們能想得到、找得到什麼比民主更好更有效的藥方嗎？如果有，那大概就是「更多民主」吧！

八〇年代中期，台灣焦頭爛額。同一年內，政治上爆發了「江南案」，經濟上爆發了「十信事件」，社會陷入恐慌性騷亂當中。爲什麼會有這種不容於現代社會的政治暗殺？因爲威權、因爲封閉、因爲不透明的黑箱作業、因爲沒有民主法治基礎。爲什麼會發生傷害數十萬人財產的金融風暴？因爲威權、因爲封閉、因爲不透明的黑箱作業、因爲沒有民主法治的基礎。

好不容易從「江南案」、「十信事件」中喘口氣過來，接著股票市場開始非理性飆漲，連帶養大了像「鴻源」那樣的地下吸金公司。然後末代強人蔣經國一夕棄世，政治局勢一片昏晦。從軍方的反應、到中常會開會、再一直拖到國民黨黨代表大會，光是李登輝能不能順利接掌政權，就經歷了多少驚濤駭浪的環節。每一個讓李登輝輾轉反側難以成眠的黑夜，台灣跟他一起提心吊膽，對未來充滿不確定的焦慮。

不過在焦慮中，民主作爲應然選項、作爲未來前途答案的地位，越升越高。越來越多人想：如果我們有眞正民主的制度就好了！民主可以讓我們順利、安定地交換權力，還可以讓我們安心地正常投資，不必找門路搞賭博式的投機。

民主，我們要民主。過去忍耐了幾十年的假民主面具，突然變成了眾矢之的。連學生都齊眾在中正紀念堂前，要叫「老賊」下台。「老賊」賊害的，不只是特權侵奪國家資源，更是阻擋了邁向「眞實民主」的路。

街頭上鬧哄哄的，每天有人示威抗議，每天有人跟警察衝突，每天有人衝撞拒馬和蛇籠。

## 對民主充滿信心的年代

我記得九〇年代剛開始的一個夏日，我從美國放假回來，和一群青年朋友們，從早到晚待在街頭上。我們穿著破舊汗衫，戴著一頂二十元的斗笠，背著塑膠水壺和單眼相機，一路流竄一路記錄。累了就坐在人行道上，繼續我們對於革命理論、台灣前途的討論。

我們演練著如何批駁保守派的種種論點。保守派會說：不應製造社會動亂。我們說：眞正製造動亂的，是封閉官僚權力。權力不能與民眾溝通，才逼出反體制的自力救濟。保守派會說：社會動亂影響經濟發展。我們說：威權體制與現實脫節，造成經濟資源的錯置與無效率，這種經濟發展本來就不對，只有靠眞正開放的系統，才能讓台灣經濟升級、發揮效率。

我們也交換彼此的憂慮，互相安慰。有人會問：暴力怎麼辦？暴力是合法手段嗎？有人會回答：暴力是一時的，暴力是被逼激的，只要有民主程序、表達政治意見的正常管道，暴力自然就會退潮。有人會問：站在革命第一線的，難道不會是馬克思講的「流氓無產階級」？「流氓無產階級」不會破壞民主開放運動的合法性基礎，嚇走眞正的市民階級嗎？有人會回答：當國家體制的壟斷利益開始被迫釋放出來，等市民階級眞正從中嘗到了過去嘗不到的甜頭，等他們建立起相對於國家機器的自主權利意識，他們自然會到第一線來取代「流氓無產階級」的……

我們所使用的左派知識分子式概念，或許奇怪，但藏在概念背後的價值，卻具有高度的代表性。多少台灣人，在那個環境下，用不同的語言、不同的概念，跟我們想同一件事：台灣充滿了問題，造成這些問題的根源是國民黨威權管制作法，所以解決問題最直接的起步，也是最徹底的終點，就是——民主與民主化。

## 第二節　不同定義的「民主」在撕裂台灣

幾位當年一起追求民主信念的同志夥伴們，十餘年後，卻對台灣的民主有了極端不同的評價。其中有人保持著對於民主的昂揚信心，開口閉口仍然必稱民主，可是卻有人談起民主就悲觀嘆氣。而區別開這兩種態度，最清楚最明顯的界劃，就是與政治權力間的關係。

## 兩種不同的「民主」

我遇到一位任職於民進黨黨部的老友，他已然是新聞記者喜歡接近打探消息的「執政黨高層」了。

我們聊到最近國內國外的情勢變化，他同意不管經濟或政治上，台灣在走一條不是那麼穩定的道路；他同意中國和美國都對台灣急進國家主權主張表達了高度不安，然而他卻一再提醒：「我們必須尊重人民的意志。」「我們不可能違背人民的意志。」好像怕我忘記了，他還挨近過來拍拍我的肩膀，說：「我們以前最受不了人家質疑：台灣人民的知識水準，夠可以做民主判斷了嗎？人民可能犯錯，不過人民犯錯的幅度，一定小於獨裁者，不是這樣嗎？如果這條路線有錯，那也是民主必須付出的代價。我們是誰？我們敢宣稱自己比人民聰明，不理會民主的結果，要求人民跟我們走嗎？」

「我們是誰？」我從他表面謙虛的話語中，聽出了更深的驕傲，當他問：「我們是誰？」時，其實他是在問：「你們是誰？」你們是誰，憑什麼資格可以反對我們依照人民意志行使政治權力呢？

基於當年的情誼，我不客氣直接講了我聽到的隱藏訊息。老友聽了，刻意做出了疑惑的表情，想了一下說：「可是，民主的價值本來不就在這裡嗎？管你是誰，誰都沒有權利違背人民的意志，不是這樣嗎？」

當年一起在街頭進行我們自稱的「左翼草根思考」的另一位朋友，現在每天坐在研究院的研究室裡，窗外不時有白鷺鷥飛過。他努力壓抑憤怒的情緒，對我說：「這些人，是民主之賊。他們偷走了這個社會大家流血流汗爭取來的民主結果。民主哪裡是這樣？用對立、仇恨煽惑人民取得選票，不管任何手段換來的選票，只要數量多過對手，就自己解釋成拿到了一張權力空白支票，予取予求、爲所欲爲，你說，民主是這樣嗎？」

我沒有辦法回答，只能反問他：「那你認爲民主應該是怎樣？」

這位老友沉思了一下，放慢說話速度，一句一句講：「民主應該是一種生活態度，開放、寬容。尊重不同意見。重視討論、論辯、理性討論，而不是潑婦罵街。民主是要講道理的。民主從 individuality 出發，認定我自己是個完整、獨立的個人，有責任完整、獨立地做判斷。同時也要承認別人的個人性，誰都沒權利沒資格取消、壓抑別人的個人性……」

這兩位老友，心目中的「民主」如此不同！而他們，是台灣社會相當具代表性的縮影。他們的歧見差異，廣泛存在於台灣各個角落、各個階層裡。

換句話說，「民主」過去之所以能像萬靈丹般提供普遍答案，正因爲大家對於「民主」的想像並不相同，從不同位置不同角度各取所需。在台灣民主化的過程中，因爲有那麼多明確的制度性缺失有待改革、彌補，大家忙到沒有機會認眞溝通過「民主是什麼？」此一根本問題。

## 缺乏共識的「民主」

一黨專政要打破、萬年老賊要退位、直選制度要建立，還有千瘡百孔的破碎憲法必須整合。喔，媒體壟斷、虛幻的大中國意識、僵化的聯考制度及其相應的教育制度，這些明顯不合理的積弊，是當然的改革對象。有那麼多要改的，有那麼多可以改的，在「民主」大旗下的改革騷動，不停地動，動到讓我們不可能停下來靜下來，看著彼此的眼睛，眞摯誠懇地想想幾個問題：

民主是什麼？

民主的價値在哪裡？

民主是手段還是目的？

如果是手段，民主要帶來什麼樣的目的？

如果是目的，民主產生的一切後果，我們都願意接受嗎？

民主有層次、有程序嗎？

有比民主更高、更重要的原則嗎？

對這些問題，我們沒有共識答案。今天，混亂錯雜，包納在「民主」底下種種不見得能相容的想法，在台灣衝突撞擊，成了製造不安的巨大潛伏因素。

有人用最素樸最原始的方式詮釋「民主」，認爲「民主」就是哪邊人多，哪邊就來發號施令。另一邊卻也有人用最複雜最理想化的概念來理解「民主」，強調民主所隱含的修養、知識、人格條件。這邊視那邊爲「假民主」，那邊看這邊，也覺得是「假民主」。

於是，民主不再是答案，成了挑戰。民主在台灣，不再是可以架構起一組秩序，讓不同利益不同價値下的行爲，能夠和平共存，民主本身成了破壞社會根本團結意識

（solidarity）最恐怖的力量。

## 第三節 「版塊性選民」破壞了民主的合理性

從一九八六年到一九九五年，民主機制逐漸在台灣驅走威權，建立新的遊戲規則。一九九六年年初的第一次總統直選，揭開了一個新的歷史時代。接下來十年內，民主機制從充滿開創性慢慢定型，進而僵化，終至成了權力分配的無聊過程。

過去十年中，台灣幾乎年年都有重大選舉。一九九四年台北市長選舉，充滿了不確定性，不確定引爆激情、激情更加強不確定；一九九六年總統大選考驗著台灣「國民意識」的摶成，每一步過程都決定了台灣從「中國幻影」裡走出來的結果。可是到了最近幾年，每次選舉，最重要的關鍵字，卻成了「選民版塊」，影響勝負的主流力量，成了「操縱議題的技術」。

## 什麼是「版塊」？

此為明證。證明原本具備高度流動性，甚至能夠創造社會流動性的民主活動，現在被巨大沉重如地質陸塊般的「版塊」固定住了。「版塊」存在，「版塊」高度惰性，自然就取消了選舉創造新議題、前瞻思考未來的能量。反正有一群人一定投藍、另一群人一定投綠，政黨與候選人怎麼會有動機去探測選民關心什麼，去提出什麼主張來爭取選票呢？

「版塊」與民主有著根本的矛盾。民主預設了人民要因應各種狀況做出判斷、選擇的前提。民主建立在信任人民集體選擇所產生的績效上。不然就沒有理由要「服從多數」了。

美國專欄作家索羅維基寫了一本叫做《群眾的智慧》的書，裡面列舉了許多群眾「愚而神」的精采例證。

書中提到：美國曾經有過一個熱門轟動的益智問答節目，叫「誰要當百萬富翁？」，節目中，遇到不知道答案的難題時，參賽者可以用兩種方式求救。可以打電話找一個他認為最聰明的親朋好友，請對方回答。也可以要求現場觀眾，那些不知來歷、各有目的而來到節目現場的烏合之眾，投票來決定正確答案是哪個。

後面這種方法，聽來蠻蠢、蠻冒險的，然而讓參賽者、觀眾和主辦單位都感到驚訝的，統計顯示：這種看似莫名其妙的多數決求得的答案，有將近九成的正確率。相對地，參賽者自己找的聰明顧問們，答對題目的比率卻祇有六成五左右。

## 群衆能夠產生智慧

再看另外一個例子。有一種每個老師在課堂上都可以做的實驗。拿一個裝滿小軟糖的大玻璃罐到教室去，放在講桌上讓每個學生都能夠遠遠看見，卻無法仔細計數，然後要求每個學生猜猜罐子裡一共有多少顆糖。學生有的猜多有的猜少，而且多跟少可能相去甚遠，然而有意思的、神祕古怪的是，把每個學生猜的數字加起來除出平均數，那個數字總是非常接近罐中糖果眞實的數量。

再給一個例子。美國洛杉磯國家實驗室的一位物理學家強森（Norman Johnson），用超級電腦設計了一個虛擬迷宮，這座迷宮中有好幾條路徑能夠找到出口，不過有些路近有些路遠。強森找了一群一群人來走迷宮，然後做記錄。有一群人，第一次走迷宮，平均每人轉了三十四．二個彎才找到出口。第二次，有經驗了，進步到平均每人花十二．八個轉彎就出來了。然而，強森將這群人到每個轉角左轉或右轉的選擇，記下多數人的決定，再將這些「集體解決方式」串連起來，發現如果照這種多數決產生的「集體解決方式」，這群人只需轉九次就到達出口了！

強森還發現：團體裡人數越多，各人的性別、年齡、職業越不一樣，所形成的「集體解決方式」就越有效越聰明。團體人數達到二十，而且每個人的身分背景都不相同的話，得到的「集體解決方式」，正是電腦設定走迷宮最短、最快的路徑。

換句話說，二十個人去迷宮走兩趟，他們在每個轉彎處本能做出的選擇，會比任何一個最聰明的人的決定，都還更準確更有效。這眞是一項神奇、無法用邏輯予以解釋分析的集體智慧展現。

## 群眾智慧的前提

這就是民主原理最深沉的根據。然而民主要能運作出如此神奇的智慧效果，先決條件畢竟是——不同身分不同背景的人，必須獨立做出思考選擇來。

強森的迷宮實驗，遇到兩種情況，就不會得到集體智慧的神奇結果了。一種是，走迷宮的人不自己摸索，而是看前面的人怎麼走，就忠實地跟著怎麼走。另外一種是，走迷宮的人不管遇到什麼情況，只要到了轉彎處就一律左轉，從不考慮右轉或直走。

台灣今天存在的「選民版塊」，就像是後面一種情況。不考慮政黨的階級屬性、不考慮政黨提出的政策方向、不考慮候選人的素質與能力，這些選民堅定只選一個黨，而且積極追求要自己支持的黨得到最大權力、最多資源。

這裡面就不會有集體智慧了，只有集體荒謬。二〇〇四年立法委員選舉，大批尋求連任的委員落選，而且其中多有平日表現搶眼、民調支持度很高的明星級立委。

爲什麼產生這種反常現象？因爲那些「版塊選民」，一心一意要增加己方政黨的席次，於是就積極配票，把支持度高的候選人的票配去給民調落後的候選人，才造成這種結果。

眞是最荒唐的反淘汰。一個立委平常表現越好、知名度越高、民調支持者越多，反而因爲選民分票而落選。那些知名度不高或表現不好而落後的候選人，反而被送進了國會殿堂。

除了「中選區多席次」選制，要替這種結果負部分責任之外，更重要的，就是反映出認黨不認人，盲目以政黨爲標準答案，不願做其他思考其他決定的選民，已經多到威脅台灣民主合理性的地步了。

## 第四節　人民當家卻用情緒做決策

怎麼會這樣？

多少人都在憂心台灣政治態度上「非藍即綠」的趨勢。對立、衝突、甚至仇視，沿著「藍／綠」分界在撕裂台灣。

就在「非藍即綠」氣氛中，卻有一條古怪的政治新聞冒了出來。二〇〇六年北高兩市市長要改選，馬英九不能再連任，謝長廷已經去當行政院長了，那誰來選？民進黨原本呼聲甚高的羅文嘉、沈富雄，都打了退堂鼓。他們爲什麼意態闌珊？沈富雄很坦白表示，因爲民調上，他自己的支持度落後章孝嚴七個百分點，更落後歐晉德或郝龍斌二十個百分點。羅文嘉的狀況也沒多好，民調上如果對決郝龍斌，羅文嘉幾乎在每一區都輸，更慘的是，連婦女票、青年票和客家票，他也沒有勝算。

郝龍斌形象和馬英九最接近，沒有什麼明顯可被攻擊的缺點，而且還擔任過民進黨內閣裡的部會首長，成了民調上最有威力的台北市長候選人。雖然他並未表態有意參選，已經被視爲藍營的大熱門。

在這種形勢下，卻有民進黨的立委，突發奇想，主張：民進黨幹嘛不徵召郝龍斌參選台北市長？既然民進黨其他人都不像郝龍斌那麼夠力，反正郝也跟民進黨合作過，掌環保署好幾年，爲什麼不索性將郝拉過來呢？

藍和綠都要搶最有機會當選的郝龍斌！

## 缺少「中間候選人」

這個狀況，其實尖銳凸顯了台灣政治現實裡兩項重點，第一、中間派中間路線，不是沒有市場，我們少掉的不是「中間選民」，而是「中間候選人」，候選人都「非藍即綠」，以「非藍即綠」的分裂策略來選舉，因而就逼得選民也只能「非藍即綠」。第二、藍和綠，其實完全不如想像的那樣天差地別，兩個陣營有很大的重疊地帶。

稍微詳細些說明第二項重點。英國有工黨和保守黨。這兩個黨以階級立場作身分證，工黨再怎麼向中間靠攏，總歸要照顧勞工利益，注重社會分配與公平議題。保守黨再怎麼改革開放，還是得衛護英國榮光，做中上階層利益的代言人。

美國有共和黨、民主黨。這兩個黨，更是涇渭分明。共和黨崇尚政府少管事，民主黨覺得政府有責任收稅做社會福利。共和黨相信有錢人是經濟的動力，民主黨相信貧富差距小，才是經濟成長的保障。共和黨的政府責任中，軍事國防占很大比率，民主黨的政府責任，社會安全才是當務之急。共和黨主張：沒有美國，哪有安全的世界；民主黨卻認爲：沒有安全的世界，哪會有美國……

這些競爭的黨，都有對選民清楚交代的政黨個性，什麼樣個性的黨，交出什麼樣的政策路線。黨不會一成不變，可是黨的個性與黨的選票基礎，緊密相接，所以黨不會也不敢任意改變。

我們的政黨卻不是這樣，我們的選民也不是這樣認知政黨的。國民黨與民進黨，這兩個主要政黨，不同在什麼地方？我們發現：回答這個問題，幾乎給的都是歷史性而非現實性的答案。

國民黨是長期威權統治的政黨，民進黨是台灣民主運動的先鋒。國民黨累積驚人黨產，背負沉重包袱，民進黨則是號召改革的政黨。也可以換一個方向講：國民黨有豐富的執政經驗，民進黨是缺乏可以承擔政務責任人才的政黨。國民黨是台灣經濟奇蹟的創造者，民進黨卻只知運動只知選舉，不懂產業不懂經濟。

這些歷史性的描述，是對兩黨差異比較精確的描述。其他的，就牽涉到許多情緒性的認知了。

例如說：國民黨是外省人、民進黨是本省人的黨。歷史上，國民黨領導層有明顯的外省籍集中現象，可是現實上，早已不是如此。例如說：國民黨主張統一，民進黨主張獨立。民進黨是南部人的黨，國民黨是北部人的黨。從現實黨綱、政策說帖以及實際選票統計，這些都不是事實。

事實是，民進黨和國民黨，極其相似。兩個黨的組織很像、兩個黨的經濟政策很像、兩個黨的社會福利政策很像、兩個黨的國防政策也很像。

兩個黨在地域與階級分布上，也沒有眞正關鍵的差異。頂多國民黨在台北市有比較明顯的優勢，可是如果用生活型態相近的大台北作範圍，那雙方又勢均力敵了。

以英國或美國的標準，我們這兩個黨，都是沒有個性、沒有階級屬性、甚至也沒有區域地盤的「騎牆型」政黨。騎在牆頭上，倒這邊可以，倒那邊也可以。

怪就怪在，兩個騎牆型的政黨，怎麼會搞出「非藍即綠」激化的選民「版塊」來呢？

## 兩個「騎牆黨」打的爛仗

顯然，選民並不在乎、也不深究政黨的主張、政黨的路線、政黨的原則與底線，這些對選民都不重要。選民不在乎這些，政黨當然不會形塑出個性來。仔細看看，一場又一場的選舉，政黨的政綱、主張，哪一次引起選民注意了？選民不注意，政黨又怎麼會花力氣去做出清新有勁的政綱與主張呢？如此惡性循環。

還有另外一組惡性循環。選民不在意政黨的政策，以前靠金錢賄選動員，後來則越來越照著情緒性的口號來動員，於是政黨的人才智慧資源，自然就都投注在宣傳技術上了。政策只是聊備一格，眞正要緊的是炒作議題、製造衝突、拉抬知名度、營造戲劇性效果。選舉統統在搞這些，社會習慣了這種煽色腥兼金光戲的選舉文化，又怎麼會想到還要去管什麼政策不政策的呢？

二〇〇四年立委選舉投票前夕，有跑路縣長突然現身被逮，有明星助選員在停車場的監視錄影鏡頭前被毆打成傷，有候選人的太太在政見發表會場昏倒……當時我們幾位新聞工作人員就猜：縣長的妹妹會高票當選。明星助選的那位候選人會當選。太太昏倒的那位候選人也會當選。

結果眞的是這樣。雖然許多人懷疑縣長是故意自己跑到台中去露臉，更多人懷疑明星被毆事件是一齣詳密安排好，連驗傷醫生都牽涉在內的戲，也沒幾個相信候選人太太是眞情流露痛苦暈厥，不過這些都不重要，只要符合了炒作氣氛的條件，台灣選民吃這一套，就是會把選票送上門來。

「藍綠對決」，是假造炒作出來的，裡面滿是虛幻的情緒，可是沒辦法，台灣民眾就吃這一套。

民主的危機正在：人民當家，卻任由情緒，而非理性、知識、資訊，來做決定。

## 第五節　惡質的獨斷綁架了台灣的民主

英文裡的「民主」democracy，起源於古希臘，不過古希臘社會概念裡，「民主」不是什麼好東西。現代英文裡有另外一個字 demagogue，煽動家，保留了古希臘文原本的負面意義。democracy不是眞正人民當家做主，而是由demagogue煽動家所統治的。煽動家煽動利用人民，來遂行他自己的權力野心，而人民也愚蠢到無法辨別是非好壞，於是就輕易被煽動利用了。

古希臘的菁英政治概念，推崇的是「哲王」，最聰明最有能力的人來當統治者。那套菁英概念裡，完全不信任多數人，不過卻也不隨便肯定少數統治就是對的。即使是聰明又有能力的人，如果他的統治不以大眾福祉爲依歸，而是爲了滿足自己的任性與欲望的話，這樣的統治者，就成了tyrant，獨斷者。獨斷的tyrant和明智的「哲王」最大差異在，一個用情緒統治、一個用理性；一個只服從自己的觀點、一個努力綜合考慮被統治者的需求與感受。

到了二十世紀，共產主義與法西斯主義先後崛起，政治上最壞最恐怖的東西，成了「極權主義」totalitarianism。「極權主義」裡，通常有獨裁統治者，例如德國有希特勒、蘇聯有史達林、中國有毛澤東。不過法西斯和共產政權，最可怕的地方不在獨裁，而在其對人民的管控，無所不在，滲透進各個領域，連私生活都不放過。喔，不，連生活上不會表現出來的思想都不放過。

「極權主義」才是政治上最可怕的東西，於是傳統拿來形容壞領袖的字眼tyrant、

tyranny，在二十世紀有了新的意義。tyranny 源自於獨斷的壓迫，可是獨斷不見得起自於獨裁，也就是說，獨斷不一定是一個人的主觀成見強加在別人身上，也可能是一群人強制別人屈從於他們的想法與意見下。

「傳統的獨斷」（tyranny of tradition），「習慣的獨斷」（tyranny of convention）和「多數的獨斷」（tyranny of majority），都是二十世紀政治學、社會學上的熱門議題。

## 煽動家與獨斷態度

台灣今天民主的挑戰，未來十年將持續困擾我們的，一方面是明目張膽的煽動者綁架了民主機制；另一方面則是一種獨斷的態度，盤據了我們的社會。

回到上一節留下來的問題：明明藍綠沒那麼大差別，怎麼會搞到「非藍即綠」二元分化對立呢？

從集體層面看，那是因爲用情緒做決定的選民們，沒有協商的基本準備，永遠以「零和」的方式看待政治權力。對於他們相信的，不管是藍或是綠，他們就必欲建構其爲眞理，必欲別人接受，而且必欲自己的主場具有強制權。這就是標準獨斷的態度，這就是我們俗語說的「鴨霸」。

我曾經花很多時間，下很大工夫，搜集資料，做田野訪問，研究尋索「二二八」。我所得到的歷史圖像，看出那個混亂年代中，人與人間的種種誤會，文化差異帶來的誤會，是慘劇發生的主因。認識這段歷史，如果有什麼教訓，應該就是讓我們別掉進偏見構成的誤會陷阱裡，做一個歷史研究者應該要做的，也就是解釋這些誤會，讓歷史的誤會別再成爲現實仇恨的源頭。

有幾年間，我經常出席參加討論「二二八事件」的座談。可是到了一九九五年，我決定再也不參加了。因爲每次這種座談會，總有人堅持要說當年中國人多麼壞多麼壞，也總有人反過來一定要講，本省人怎麼打外省人，本省人才是血腥暴力的始源者。這兩種意見，盤據了每一場座談會，講這些話的人，都繼續活在誤會中，別人說什麼其他的話，都聽不進去，更絕對不會去想到：設身處地去理解對方的處境，考慮雙方不同背景下的反應，我們才有機會趨近歷史實況。

他們要的，也不是歷史實況，而是用自己訴說的故事，涵蓋一切、取消其他，建構爲眞理，如此心態，就是「獨斷」、就是「鴨霸」。

## 不懂得為別人設想的社會

台灣的教育環境，從家庭教育、學校教育到社會教育，最缺乏的就是關於「設身處地替別人著想」的能力。也就是英文裡的empathy。

我們也許有慈善慈悲的同情心sympathy，不過sympathy和empathy畢竟不是同樣的能力。設身處地替別人想的能力，或者稱之爲「同理心」，最大的特色就是沒有標準答案。這個人的良藥，是另一個人的毒藥，因爲這個人和那個人處於不同環境有不同需求。同理心要我們暫時放掉自我主觀，進入別人的思考與感受，評斷一件事是好是壞、是悲是喜，不由事情本身決定，而必須考量評斷者和這事情之間的關係，他出發的角度，以及中間經歷的過程。

沒有標準答案的同理心，最難教。對那麼依賴標準答案的台灣社會來說，根本就徹底無法教。同情心可以教可以灌注，因爲有標準可依循——誰可憐我們就同情誰、幫助誰。同理心不是這樣。同理心連到底可不可憐、怎樣才是比較可憐，都要我們自己依照不同情境去摸索。

沒有同理心的社會，結果養出了一群獨斷、自以爲是的人。台灣人的自以爲是，只有在現實的直接利益之前才會有所收歛。不幸的是，政治絕大多數時候不會帶來直接利益，於是那惡質的斷獨自以爲是，就在政治意見與政治立場上大加肆虐了。

## 第六節　立刻調整選舉時程

面對民主的挑戰，首先有一些制度性的改革，應該立刻做，也可以立刻做。馬上可以做的一項，是調整選舉時程。台灣實在禁不起年年選舉的折騰了。

讓我們算算，照既有制度，未來十年長這個樣子：二〇〇五年，縣市長選舉，二〇〇六，北高市長選舉；二〇〇七年底，立法委員改選，短短三、四個月後，馬上又有總統大選；二〇〇九年，縣市長選舉，二〇一〇，北高市長和立法委員一起改選，二〇一二年，又輪到總統大選……

選舉是民主的礎石，但選舉也是政治與社會的大騷擾。在台灣，情緒動員是選舉最主要的「撇步」，造成的騷擾尤其嚴重。更不要提，爲了應付選舉，政治人物們必須中斷日常事務，專注「打拚」。

以「零和」態度搞選舉，社會被「非藍即綠」拉扯著，產生的一個政治效應是——政黨在每一場選舉上，統統都輸不得、輸不起。每逢選舉，政黨就化身爲指揮司令部，動員一切可能的資源，奮力一搏。

## 每次選擇都要大動員

於是選舉都不會只是候選人的事。不管選什麼，縣市長以上層次的選舉，基本上就都是總動員的格局。從總統、黨主席以下，行政院長、內閣閣員、具有群眾魅力的國會議員、被視爲能夠掌控地方樁腳的縣市長，統統動起來，南北奔波、趕場助選。這樣總動員一搞，誰還能在政務上安心工作？國家事務還有哪項不受影響？

國民黨時代，選舉是「民主假期」，一些平常不能講的話、不能做的群眾集會，暫時解禁了。現在，選舉則成了「政務假期」，從中央到地方，政務官紛紛放下手頭上的工作，請假助選去。

我們的政府部門本來就不是以高效率高效能著稱的，一碰到選舉，就更慘了。三年任期的立委，每屆第六個會期，改選前最後一個會期，向來大唱空城計，常常開不成會，當然也就不會有什麼立法成績了。選舉投票前兩個月，行政院長上班時間忙著下鄉灑錢，下班時間又要在政見會場力竭聲嘶喊口號，能幹得了什麼事？

爲了求勝，台灣的政黨和台灣的家長一樣，都講究「贏在起跑點」，盡可能爭取時間提早布局，黨內要協調、協調不成要初選，還要讓提名爭議儘早落幕，留時間撫平同志摩擦，更要留時間給候選人「跑基層」。總的效果，就是選舉對正常政務的進行，干擾破壞得更久且更深。

二〇〇五年就出現了荒謬的情況：二月，新國會成立，內閣依慣例總辭，陳水扁總統任命謝長廷取代游錫堃擔任行政院長，謝院長找了吳榮義接任副院長，新的院長、副院長就位了，可是卻沒有「新內閣」。內閣改組僅止於「院本部」的少數職位——院長、副院長、祕書長、發言人，然後就停了。各部會首長的更動，要留到五月以後才進行。

這算什麼總辭？這算什麼改組？新院長不能動舊閣員，要如何指揮、要如何推動新政策？沒辦法，基於選舉考量，要先等民進黨縣市長提名塵埃落定後，才能眞正改組。黨的利益、勝選的考量，凌駕於行政院推動政務的責任之上。如此明顯的本末倒置，執政的民進黨視爲當然，應該要監督政府的新聞媒體，也視爲當然。

一選舉，政府停擺、媒體發燒，然後社會民眾被拋擲進政治立場選邊站的水深火熱煉獄裡。一次又一次，親戚朋友，因爲選舉挑起的情緒性議題，搞得關係緊張，要不得提醒自己留意謹言，要不就得隨時準備跟人家翻臉吵架。

選舉過後，我們還記得吵架的來龍去脈嗎？沒多久前，二〇〇四年總統大選時，大家爲了「公投」、「大選綁公投」吵架，吵得多凶，記得嗎？後來呢？「公投」根本沒過，原本熱情推動公投的政治人物們，包括聲言「公投沒過，當總統都沒意義」的陳水扁總統，甚至沒表現出對「公投」一點點留戀與不捨。看看結果，回頭想想我們吵的那些架，值得嗎？

## 年年選就年年騷擾

有人會說，又不是只有台灣會爲了選舉吵架，老牌民主國家美國，選總統時不也頻傳夫婦翻臉甚至離婚的故事嗎？

可是美國只有二〇〇四才那麼情緒化啊！美國選民情緒化的背景，前有二〇〇〇年布希「偷走」總統寶座，後有理由不明、正義未張的伊拉克戰爭，才激起強烈反應的。台灣不一樣，我們年年選，年年情緒激動。因爲政治人物追求的，就是激起眾人情緒，他們相信：有對立、有情緒，自己就有勝算。

在這種狀況下，年年選，就年年騷擾，年年付出昂貴的代價。台灣可以更好，眞的，如果這些年選舉少一點，如果不受選舉騷擾的平靜日子多一點的話。

選民可能因爲年年選舉、年年翻攪而變得麻木，但被權力與利益燒得眼紅的政治人物們不會。爲了權力與利益，他們會不懈地將社會翻過來，一回又一回。

解決的辦法，蠻簡單的，立刻調整選舉時程。沒有道理立法院任期跟總統、縣市長都不一樣。沒有道理北高市長不能和其他縣市長一起選。沒有道理總統大選一定要在春天三月舉行。

合理調整後，應該是這樣：二〇〇六年選北高市長與其他縣市長，二〇〇八年選總統和立委。往後每四年選一次總統和立委，總統任期中間，選縣市長。簡單到這樣。

新總統和新國會同時上任，就沒有「舊民意」、「新民意」問題。內閣也不必換總統時總辭一次，換立委時又要再總辭一次。縣市長選舉，則承擔了期中檢驗的功能，讓各政黨對自己的中央行政與立法表現有所檢討、有所警惕。

這樣民主會上軌道些。

## 第七節　訂定嚴格的「立法委員行爲法」

對民主秩序大有幫助的，還有立院選舉改成單一選區兩票制。

兩票制是讓選民投票時，一票投自己選區的候選人，一票投自己中意的政黨。兩票制可以逼政黨強化其不分區提名名單，選民的「政黨票」，實質就是對不分區提名名單的信任票。理想上，政黨會去找眞正有能力、在社會上名聲好，但不適合群眾造勢的專業人才，來當不分區候選人，不會再塞一堆過氣的或偷懶的政客。而且不分區立委不靠區域立委得票來決定，也將大幅提昇不分區專業委員們的自主性與黨團內決策權。就算現實不見得盡如理想，總會比目前現狀好。

單一選區則是有多少區域立委席次，就將全台灣劃分爲幾個選區，一個選區只會有一位當選人，換句話說，每個選區的選戰都是單一席次選舉。單一席次選舉，排除了候

廣告回信
台灣北區郵政
管理局登記證
北台字第15949號

235-62
台北縣中和市中正路800號13樓之3

# 印刻出版有限公司　收

讀者服務部

姓名：＿＿＿＿＿＿＿＿　性別：□男　□女

郵遞區號：＿＿＿＿＿

地址：＿＿＿＿＿＿＿＿＿＿＿＿＿＿＿＿

電話：（日）＿＿＿＿＿＿＿＿（夜）＿＿＿＿＿＿＿＿

傳真：＿＿＿＿＿＿＿＿＿＿

e-mail：＿＿＿＿＿＿＿＿＿＿＿＿＿＿＿＿

INK

選人走偏鋒爭取極端選民，就能集合足夠票數當選的弊病，也解決了像二〇〇四年發生那種選民自行配票搞出來的反淘汰狀況。單一選區意謂著候選人要爭取選區內大多數人認同，才能當選，那麼想當選的，就非得向中間靠攏不可。

現在通過，等待修憲國大定案的辦法，其兩票制有壓擠小黨空間的毛病，單一選區也有可能使賄選難度降低的問題，然而不可否認，這兩項措施，將有效提高台灣政治的專業與溫和程度。

## 「立委行為法」比席次減半重要

比較有爭議，好壞效應難評估的，是「席次減半」。老實說，立委素質跟立委人數多寡，沒有直接關係。可是立委惡行惡狀給大家的觀感太差了，在情緒動員挑逗下，很容易接受「幹嘛花錢養這些傢伙」的論點，也就容易支持席次減半了。

席次減半，的確國家公帑將省下不少。不過減半後立法院各委員會人數銳減，少數委員加上一個召委，就能完全掌控委員會，這對立法、行政兩權平衡，是相當具破壞力的。席次減半顯然委員會組織也得相應大幅修改，可是如果將委員會予以裁併，那麼委員會的專業性更難建立與維持了。這還眞是個難題。

國會改革，其實還應該訂定「立法委員行爲法」，並且嚴予執行。現在能夠規範立委行爲的，只有不痛不癢的立院內規，而且其懲處決定，還是由立委同事來決定的。「立委行爲法」，倒不是要限制立委應有的言論負責權等用來監督行政部門的武器，而是要讓立委行爲更透明化，以便向選民負責。例如立法委員濫用人頭支領助理薪水，錢掉進個人口袋，或變成應酬開銷，卻傷害了問政品質，這種事必須以法律形式調查、防堵。

「立委行爲法」另外一個重要約束，是立委的利益迴避。不管是和行政部門間的來往，或與企業商界的互動，現在都沒有明確標準。立委公然視利益迴避如無物，新聞媒體與社會大眾對利益迴避是什麼也沒有概念，這些狀況都可以透過明訂的「立委行爲法」，得到矯正。

「立委行爲法」還可以涵蓋「獻金法」涉及立委個人募款的部分，嚴防競選經費飆漲，以及候選人與立委爲了募款而出賣職權或職務應當保密的訊息。

這是讓台灣民主在未來十年能脫胎換骨所需的基礎工程。當然如果要徹底解決目前民主架構的扭曲，那麼最好能在十年中，完整修憲，回歸三權分立，並且以國會聽證調查權，取代不痛不癢、象徵意義遠大於實質作用的監察院糾正、彈劾權。

有合理合邏輯、環環相扣的憲政結構，最大的作用，是將出格作秀的空間大幅縮小，那些想譁眾取寵爭取選票的立委們，能變的把戲也就少得多了。或許，以十年為期，到時候，我們不必再一看到立法院新聞，就無奈地搖頭嘆息。

## 第八節　庸俗假民主之名大行其道

最根本的挑戰，在於讓我們能擁有民主，還能同時擁有比民主更高的文明價值。在沒有民主的時代，在渴求自由的封閉氣氛裡，容易將民主抬得很高，而忘記了民主是一套交通規則，讓來來往往的人不至於撞成一團。交通規則不應該取代每個人要去的目的地，交通規則更不能倒過來強制人家一定要去哪裡。

民主是人類發明的政治制度裡，缺點最少的一種，但民主不是人類文明的全部，甚至不是人類文明最美好的部分，我們眞正的希望，應該是藉由民主，來保障追求各種不同文明美好事物的自由。

## 庸俗是一種罪惡

一九一八年十月，被第一次世界大戰折磨得苦不堪言的德國人民，在基爾（Kiel）掀起了革命，短短六天當中，革命行動迅速蔓延到布萊梅、萊比錫、慕尼黑以及柏林。聽到消息的德皇，沒等到革命行動逼近，就慌忙宣布退位逃走了。

革命群眾攻進了皇宮，一陣打砸搶之後又撤離了。當年十二月，凱斯勒（Harry Kessler）進入狼籍一片的皇宮，大感吃驚。使他驚訝的，不是被暴民敲碎的門窗和家具，而是皇后寢室中一些保留原樣的收藏、裝飾。

牆上掛著的，是宣揚愛國主題的畫作。旁邊有俗麗金亮的武士盔甲、動章以及雜七雜八的紀念品。凱斯勒沒有指責革命群眾的粗暴，卻大爲感慨皇室的庸俗。

在日記裡，凱斯勒寫道：「在這種氛圍裡，誕生了世界大戰，或者是德皇對世界大戰應當背負的罪咎。這些破壞，我一點也不覺得可惜。只有對自己的溫和怯懦的強烈厭惡，因爲我想到這樣的世界並沒有被摧毀，相反地，這個惡俗的世界繼續以不同形式存在，無所不在。」

凱斯勒是個典型十九世紀式的歐洲人。他身上流著複雜、多國籍的血液，在巴黎出生，十二歲從法國轉學到英國念貴族學校（他差點跟邱吉爾同班），幾年後又去德國漢堡接受頂尖的高中教育。他的父親死後，留下了豐裕的遺產，讓凱斯勒不僅衣食無虞，還能慷慨地贊助各式各樣藝術家創作。

二十世紀初期歐洲重要的詩人、作家、畫家、劇作家、音樂家，幾乎沒有人不認識凱斯勒。他還有一位好朋友，是個科學家，名叫愛因斯坦。凱斯勒自己說他不懂物理，不能用理智瞭解相對論，只能用感性去領略。不過在他的日記中曾記錄一段愛因斯坦到他家聊天時，解釋相對論的說法，毫無錯誤，而且透澈明白。

凱斯勒是德國文化的崇拜者，自認爲是個德國人。第一次世界大戰爆發，儘管已經四十六歲了，他還自動請纓上戰場，在前線砲火中實際度過了兩年光陰。然而之後他經歷了一場精神崩潰，接著大逆轉成爲一位反戰的和平主義者。

凱斯勒轉變的關鍵，應該就在於他實在捨不得文明的成就，以及創造這些成就的優秀人才，就這樣輕易葬送在戰爭中。一個懂得欣賞藝術、能夠分辨藝術品好壞的人，怎麼能不珍惜創造藝術的人呢？可是戰爭的邏輯不是這樣，管你有什麼才氣，管你會寫足以改變文學史的小說，還是能夠開創美學新紀元的繪畫作品，在戰爭的眼裡，你都只是一份填補壕溝空缺，最終難免命喪戰場的動員人力罷了。

從自己的轉折經驗出發，凱斯勒才會如此嚴厲地譴責德皇的庸俗。當他說「在這種氛圍裡誕生了……德皇對世界大戰應當背負的罪咎」時，他想的應該是：一個不懂得欣賞人類文明精華，無從明瞭文明成就之難得與可貴的領導人，才會願意發動戰爭，而且爲了追求戰爭勝利，願意投注所有資源，付出任何代價。在他們眼中，沒有比戰爭更有意義的事，沒有比國家更高的價值。

將國家看得那麼重要，把文化藝術看得那麼輕，這種態度正源於庸俗。庸俗的人眼中看去的世界是平板的，沒有好沒有壞，也就沒有什麼是不可被犧牲被毀壞的。如果德皇及其家人能夠欣賞的，就只是一些庸俗廉價的東西，那麼就算在廢墟裡，都還是找得出人隨便造得出來啊！

順著凱斯勒的邏輯，我們可以繼續想下去：如果德皇和凱斯勒一樣，明瞭梵谷、雷諾瓦、塞尙、易卜生、左拉、羅丹、蕭伯納、普魯斯特的價值，明瞭這些人創造出來的東西的獨特性、唯一性，他還會捨得讓戰爭摧毀這些人的生活或摧毀他們留給這個世界的遺產嗎？

德皇及其家人的眼光，顯然分辨不出梵谷的畫，和那些宣傳國家榮光、粗製濫造的畫，有什麼價值上的差別。這就是庸俗，這就是庸俗最大的罪惡。

## 民主成了庸俗的守護神

今天台灣民主景況，讓人格外感慨的一點，就是民主成了庸俗的守護神，各式各樣庸俗的價值，假借民主大行其道，理直氣壯橫衝直撞。

在民主之上，沒有更高的價值，所有的事情都由大多數人的意見來決定，那麼必定搞出一個庸俗的社會，而庸俗的社會，內在潛藏著自我毀滅的種子。

因爲庸俗造就出不值得被珍惜的社會，於是活在庸俗社會裡的人，也就沒有打算沒有準備要衛護這個社會。他們雖然是這個社會的主人，可是他們也找不出理由非跟這個社會在一起不可。

這不正是今天民主化之後，台灣社會的寫照嗎？媒體常常在做「要統還是要獨」的意向調查，其實最該調查的應該是：「台灣這個社會，有什麼特別值得你珍惜的嗎？」「台灣這個社會，有些什麼是你格外覺得驕傲的？」「台灣這個社會，有什麼是別的地方沒有、不會有的？」「台灣這個社會，有什麼值得你付出一切來看守、保護的？」

這些才是關鍵問題。讓我們摸著良心試著回答看看，你的答案是什麼？

以前的國家主義、民族主義，有千百般不對之處，然而國家主義、民族主義的思考中，不斷強迫其國民認識自己國家之美。要歌頌國家、民族，我們至少先得有個標準，知道什麼是美、什麼是偉大、什麼是崇高。

以前社會上的菁英主義，也許眞的製造過千百種罪惡，然而菁英主義認定各個領域都應該有其好壞等級，壞的遇見好的，要覺得羞慚，要努力迎頭趕上。好的應該得到獎勵，壞的應該得到鞭策。

台灣民主化過程，走了一條扭曲的、反動的路。民主的多數原則，被無限制地運用在許多不該由多數來決定的領域，於是徹底摧毀了正常民主社會機能裡應該有的專業自主性與專業標準。

民主要不淪爲「庸俗的獨裁」，靠的就是專業尊嚴。司法是專業，不能由多數人決定誰有罪誰沒罪。新聞是專業，不能由多數人決定什麼是攸關公眾利益的大新聞，什麼是瑣碎無關緊要的小新聞。文化是專業，不能由多數人來決定怎樣的文化成就比較高。藝術是專業。教育是專業。甚至政治決策，也有高度專業的一面。

如同山洪爆發，挾泥沙俱下的台灣民主化，完全不顧任何專業道理，把每樣東西全部化約到只剩一個原則：能討好多數人的，就是好的。

## 橫衝直撞破壞一切的「民主」

短短十幾年搞下來，民主，是很民主，然而這樣的民主橫衝直撞，撞倒了家中原本具價值的所有寶物。

本來該做的，是改變國家主義、民族主義抱持的過時、虛幻的標準，重新界定：什麼是崇高、什麼是偉大、什麼是美。然而我們的民主化做的卻是徹底否認了崇高、偉大與美，把台灣徹底「扁平化」。

十幾年前，余秋雨的《文化苦旅》在台灣大流行，我讀了，非常不喜歡。我覺得余秋雨太過於美化中國歷史上的種種，呈現了一種不眞實的、虛矯的中國圖像，大大違背了我所受的史學訓練規矩。

然而十幾年後，我對《文化苦旅》、《山居筆記》的評價改變了。因爲我聽到余秋雨解釋他當年寫這些文章的主要用心——要讓「文革」之後的中國人，知道中國歷史、中國文化中有「崇高」存在。

今天我能認同余秋雨的用心（雖然依舊無法完全接受他刻畫的中國歷史圖像），或許還有一個原因，因爲我所處的台灣社會，民主化帶來的竟然是一種類似於文革浩劫般的荒蕪。如同文革後的中國，今天的台灣，誰知道「崇高」是什麼？誰又在意「崇高」是什麼？

對於菁英主義，我們應該排除其中過度的傲慢，找出訂定標準的公開合理程序，並且排除不當的階層階級壁壘，讓有心想在不同領域中向上流動的人，都能得到公平的機會。然而台灣的民主化，卻是徹底否定了菁英這個概念，要大家只相信多數，只相信自己，其他什麼都不必鳥它。

這種民主，破壞掉的遠比建設起來的多得多，這種民主，最後創造了一個多數人決定，但其實誰都不愛，誰都沒把它當寶貝的社會。

## 第九節　重溫民主運動中的美好夢想

未來十年，民主本身挑戰著台灣存在於這個世界上的價值。這當然是所有拿民主作理想，用不同方式致力於台灣民主進步的人，始料所未及的。

我還記得，我清楚記得，自己年少時候，被美麗島事件與軍法大審震駭，領受到那股歷史性的悲劇感。國民黨威權體制像隻怪獸，呑噬了一代又一代的民主運動者。前代被拆吃入腹了，這隻怪獸想：不會再有人敢違逆我意志了吧。不，新一代的人又將站在怪獸面前，即使明知將成爲下一個犧牲者，即使內心害怕得渾身發抖，也還是得挺身站在那裡。因爲，讓怪獸呑噬，是惟一能夠自主做的事，也是惟一能夠證明我們自主意志尚存的動作，不能放棄。

我從來不曾自認是個勇敢的人，然而在那一刻，卻悲劇性地預見：等時機到了，我這一輩的人，會接上民主的棒子，克服自己的怯懦與猶豫，去站在怪獸前面，被無所不在的極權系統監視、追捕、入獄。

眞的如此相信，而且如此準備著。萬萬沒有料到台灣民主化的潮流來得那麼早那麼急，幾年時間，我們心目中的怪獸先是變成了被人嘲弄的紙老虎，進而成了眾人喊打的過街老鼠了。

一九九三年我從美國回到台灣，心中透澈明白一件事——台灣完全不需要民主烈士了，不管我們這一代怎麼做，都沒有機會再爲民主而被監視、追捕乃至入獄了。那個

「民主咖啡館的最低消費額是三年牢獄」的時代結束了，悲劇性的英雄夢也可以醒了，那再下來要上演的應該是喜劇吧？

## 悲劇之後、鬧劇上演

我們萬萬也沒料到，民主制度建立之後，我們當年持守以信仰民主的價值，人的價值、文化的價值，所有崇高的、偉大的、深邃的、美麗的，竟然都被民主給掃進歷史的垃圾桶裡了。民主推翻了當年我們認定民主應該戰勝極權的基本理由，多麼大的諷刺！

悲劇過後，接著上演的不是喜劇，而是鬧劇。馬克思在〈霧月十八的路易・波那巴〉早說過了：「黑格爾說歷史上重要的事都重複發生兩次。不過黑格爾忘了告訴我們：第一次是悲劇，第二次是鬧劇。」

民主與民主運動，原來是悲劇，從雷震、殷海光、李萬居到《台灣政論》到《美麗島》，甚至到《新潮流》，一路都是慷慨激昂的悲劇；可是今天民主卻造就了鬧劇，整個台灣籠罩在鬧劇的低級趣味中，過去民主與民主運動中最美好的人類質素——雷震的誠實勇氣、殷海光的邏輯銳氣、李萬居的堅持、黃信介的豁達、施明德的受難意識、許信良的策略思考、乃至「新潮流」系從事勞工法律服務時的無私奉獻，今天全都消逝了，全都被遺忘被踐踏了。

民主得勝了，我們才發現，抗拒民主帶來的庸俗，原來比追求民主更辛苦。不會入獄的抵抗，原來還更無奈。

但這種抵抗，不能不開始集結，而且未來十年將是能不能在民主中保持高貴精神的關鍵年代。如果民主帶來的眞是不値得珍惜的社會，如果這個社會的人都沒有了精神上的韌性，這樣一個社會，不可能有什麼抗壓性，不管壓力來自中國大陸、來自經濟不景氣、或來自社會騷動，一有壓力，沒有任何高於利益之上信念的人們，必然快速「隨人顧性命」四散奔逃，社會也將一聲轟響，灰飛煙滅。

民主與民主帶來的，眞是巨大的挑戰，我們不能躲，也躲不掉。

# 第四章

# 喚醒迷惘的社會

## 第一節 不再知道「教育」爲何物的迷惘

最近幾年，我在雜誌社裡工作，難免會對這行的現象格外敏感。

我注意到：美國重要的人文雜誌《紐約客》（*New Yorker*），每期發行量大約在一百萬份左右。其中八成，也就是八十萬份是訂戶。訂戶中又有八成，來自於大紐約地區。大紐約地區差不多有一千兩百萬人口，這樣一算，得到的數字結論是：紐約人口中閱讀《紐約客》的比率，是台灣人口中閱讀《壹週刊》的八倍之多。

《壹週刊》是怎樣的雜誌，大家都曉得。《紐約客》又是怎樣的雜誌？第一眼看去，這是個嚴肅古板的雜誌，每一頁幾乎都塞滿了文字，沒什麼插圖也沒什麼照片。《紐約客》吝於用照片是有名的。就連影評文章，都不會出現一張電影劇照。藝術評論、建築評論，頂多用一張照片。還有專門分析巴黎當季時裝秀的文章，你猜怎樣？通篇沒出現一個模特兒、沒有一件衣服的影像。

《紐約客》整本雜誌分成五大部分。第一部分是紐約藝文活動的詳細總目。第二部分是短小精悍的雜文。第三部分是長篇的報導，主題五花八門，什麼都有，其共同特色是文字好、觀點特別、文章長。第四部分是詩與小說的創作作品。第五部分則是重量級評論，每期輪流出現書評、舞評、劇評、畫評、建築評論、影評，有時還會有前面提到的時裝評論來插花。

這本雜誌，在台灣沒什麼讀者。誠品敦南店每期進貨十本，還不一定賣得完。不只是這樣，就算有人想用中文仿效辦一本《紐約客》式的雜誌，絕對不會成功。誰要看這種沒圖片、嚴肅得一塌糊塗的雜誌？沒人看沒人買沒人登廣告，哪有錢去養那些專業人員，花幾個月準備寫一篇擲地有聲的報導？

## 文字閱讀的重要

《紐約客》在美國的影響力，說明一件事：文字閱讀仍然是美國人生活中非常重要的一部分。儘管美國人在影像工業上的成就，遠高過全世界任何地區，然而他們並不像我們以為、或有些人宣稱的那樣急於進入「影像時代」。我們甚至應該倒過來看、倒過來說：正因為美國人不曾放棄過文字閱讀與文字思考，所以他們的影像工業才會那麼傑出。

文字與圖像，最大差別，就在想像力與抽象思考。讀小說的人，很少會喜歡小說改編的電影，因爲接觸文字時，必然刺激發動想像力，每個人想像呈現的小說情境、人物絕不相同，但那想像中的情境、角色，對讀者而言，是最眞實的，也是無可取代的。圖像就沒有這種自由度，大腦只是被動地接收圖像，沒有主動的想像。

從現實變成文字，本來就是一層抽象作用。文字還能取得自己的生命，進行各種不同的連結，創造出許多現實裡不見得能有所對應，更不是圖像能表現的意義來。換句話說，文字比現實豐富且廣闊，文字當然也比圖像能承載能表達的，豐富廣闊得多。

然而在台灣，我們卻正在快速棄守文字的領域，各式各樣力量推著讓圖像取代文字。電視成爲強勢媒體，塑造了一個影音社會。報紙、雜誌也不再守得住文字的陣營，大家紛紛迷信：大圖片少文字才是潮流之所趨，生怕多了一點文字就會嚇跑讀者。同樣的觀念，也傳染到了圖書出版上。繪本、圖文書大行其道，蔚爲風潮。

和圖像化一起發展的，還有越來越誇張的娛樂化傾向。娛樂價值高於一切，不管什麼樣的東西，先問好不好玩、好不好笑，如果不好玩、不好笑，似乎就沒有存在的必要了。

## 教育「娛樂化」的趨勢

就連教育，也都被籠罩在這種畸型娛樂化取向裡，幾乎要淹沒了。或許應該說，台灣社會這幾年最重大的轉折，就是「教育」變成了一個髒詞，大家避之惟恐不及。「教育」讓人聯想起古板保守，「教育」讓人聯想起痛苦折磨，於是就連擔任教育工作的人，也都盡量閃避「教育」，不敢教不願意教。

幾年前，我寫過文章，記錄我從貓食狗食中得來的教育啓悟。是這樣的，那一陣子我買的貓食，做成一隻隻小魚的模樣；至於狗食，則有一顆顆縮小的骨頭形狀的東西夾雜其中。我看了覺得好笑，這是幹嘛啊？不需要高深的動物學、獸醫學知識，我清楚知道，我們家的貓，不會認那種假造出來的魚，我們家的狗更不會因爲看到那一根根超小骨頭形的東西，就興奮得食欲大增。我還清楚知道，我們家的貓狗沒有特別聰明，卻也沒有特別笨。

換句話說，做那樣的外形，對於實際要吃貓食狗食的貓狗，一點意義都沒有。他們吃的就是工廠大量製造生產的貓食狗食，絕對不會是鮮魚、眞骨頭。那樣的外形，只是拿來騙騙安慰飼主們，讓他們錯覺以爲貓食狗食跟鮮魚、眞骨頭一般好吃。

我領悟到，十多年教改，幹的其實就是貓食狗食障眼法，這類的事。

過去的聯考，讓教育扭曲了，大家都受不了那種痛苦，大家都感覺到那樣的教育是有問題的、是假的。教改的出發點，本來是要扶正教育，讓下一代能夠接受「眞正的」教育。就像養貓養狗的人，發現貓食狗食怎麼如此難吃沒有營養，因而希望能找到「眞正」的食物給貓狗吃，一樣的心理。教改本來應該要做的，是改革教育的內容。教會小孩自己思考，讓他們在有限的教育時間裡，能夠極大化吸收的知識。讓孩子們培養出健全的人格、解放他們的想像力與學習能力，也就是說讓他們長成主動、自由、完整的人，而不是被動複製別人給的現成答案的考試機器。這才是眞正的教育。

然而教改改了十幾年，我們的下一代卻還是在受假的教育。從小學到中學，他們仍然投注大部分的時間，在極少量的知識內容上惡補、反覆記誦、反覆演算，只知道想盡辦法把課本教的一點點東西，背得滾瓜爛熟，以求考到好成績。

我們的學生，還是沒有培養出獨立思考、甚至沒有培養出獨立閱讀的習慣。我們的學生還是沒有獨立主動求知的欲望與本事。我們的學生，仍然是考試束縛的客體，不是想像發動的主體。

怎麼會這樣？因爲教改眞正改了的，不是教育的精神，只是教育的說詞。「快樂學習」、「無痛學習」、「自動學習」……各式各樣口號滿天飛，然而十年來，沒發展出落實口號的步驟與辦法。

就像貓食狗食工廠，沒花力氣去讓產品更香更營養更接近鮮魚眞骨頭，只是把形狀改一改。認得小魚、小骨頭樣子的，得到心理安慰與滿足的，不幸地，是根本不吃貓食狗食，從來不知貓食狗食滋味的人類啊！

教改，或者該說不徹底的教改，其實只試圖對當年飽受聯考痛苦，今天已經離開教育階段的人交代。可是這樣一路搞下來，眞正的教育內容沒有提昇，反而摧毀了「教育」在社會與文明上的合法性。

## 虛偽的「快樂學習」

虛僞地一邊強調教育應該是自由的、快樂的，一邊卻給孩子們既不自由也不快樂的教育，結果使得一整代的人得到完全錯誤的印象；他們一方面因爲那不自由、不快樂而討厭教育，另一方面又失去了對於教育能提供的自由與快樂，體認的機會。

讓我們別在這點上搞混了，教育的自由與快樂，是教育帶來的結果，而不是教育過程的性質。為什麼要受教育？因爲要學習、繼承過去人類的文明成就，讓人從自然的存在，轉化爲更高層次的人文的、文明的存在。

教育一方面要將幾千年的人類經驗，壓縮在短短幾年中讓孩子們學習，另一方面要開啓孩子們懂得參與漫長文明創造的門路。我實在看不出來，如此龐大的教育使命，怎麼可能不努力不付出，不經過一些痛苦忍耐，就有辦法完成？

受教過程的痛苦，是美好的文明代價。我講的痛苦，不是被體罰被辱罵的痛苦，而是孔子說的「困知勉學」的那種痛苦。在龐大的無知與困惑前面，我們勉強自己，突破自己智力與知識的原有限制，解決一個問題、學到一種方法，在終點上看見光明。對於原本的限制，我們自由了，於是感受到由衷的、深刻的快樂。

台灣卻有一整個世代的老師與學生，放棄了這種勉學後的自由與快樂，盲信不可能的、不合理的「學習過程的快樂」。不要「勉學」，要如何突破「困知」呢？

於是連教育的根本價値，都被「娛樂化」了。事實上，以娛樂爲標準，也就不會有「教育」了。

「圖像化」、「娛樂化」的潮流，造成台灣社會整體創造力的快速敗壞、流失，是面對未來十年我們絕對不能再逃避的、最嚴重的社會危機。

## 第二節　不再知道「追尋答案」爲何物的迷惘

「勇於教育」、「Dare to educate!」，如果有一個概念、一個口號，能夠在十年內傳遍台灣，讓台灣變得更好，我相信應該就是這個。

### 復活我們的「知識好奇」

「勇於教育」的第一個原則，是讓我們別再做「娛樂」的囚徒，勇敢地告訴學生，學習是需要付出、需要忍耐的，越是高深、原創的知識與智能，越不可能在「娛樂」中學習。

我常常被問到要如何學好英文，我的回答永遠是：「沒有捷徑，不要想像會有捷徑，就能把英文學好。」

年少時候，學習英文靠的就是一堆遠超過自己閱讀能力的文章，一本翻得破爛的字典，然後坐下來，讀。我手邊總有一疊空白卡片，查了的單字就寫在上面，寫滿單字的卡片隨身帶著，一有零碎空檔時間，就拿出來背。而且每查一次字典，就在那個查找到的單字上做記號。

那過程絕對有很多不愉快。單字怎麼背都背不起來，很痛苦。在字典上發現同一個單字竟然已經查過五、六次了，那種挫折更是痛不欲生。然而痛苦會同時帶來快樂，讀懂文章的莫大快樂。

我沒有用過簡單、循序漸進、因勢利導的「好教材」。我沒有記誦過一堆到超級市場、到戲院到餐廳要用的會話。高中時，我讀歷屆美國總統就職演說辭，當時覺得似懂非懂，然而十幾二十年後，赫然發現那裡面所揭櫫的堂皇理想，已經成爲我對於民主的基本認識、根深柢固的信念。大學時代，我靠著有限的英文程度，發憤苦讀芝加哥大學出版的經典全集。從荷馬史詩、希臘悲劇開始讀，中間經過聖多瑪斯的《神學大全》、洛克、霍布斯與盧梭的作品，一直讀到當時的頭號禁書——馬克思的《資本論》。這些書讀得我頭昏腦脹，從來沒有把握到底懂了多少，然而今日我卻確知，那些硬啃進去的內容，早已構成我對西方文明理解的骨幹。

我們要克服學習的艱難，但靠的不是娛樂、把學習變成遊戲，而是提高學習的動機。我常常回想起自己成長的那個年代，威權體系底下，社會多麼貧乏、多麼封閉、多麼禁錮。威權體制只准許大家透過一扇窄窄的窗，透過厚厚扭曲的透鏡，去看世界。可是那個時代長大的青年，幾乎都有過「知識飢渴」的階段，自己想方設法去弄一大堆東西來讀。

## 停滯怠惰的社會

請容許我抄一段《問題年代》書裡的文字，表達我對今昔差異的看法：

「在那個時代，整個社會煥發找尋答案與提供解決的熱情。爲了找尋答案，所以在很封閉很艱難的環境裡，依然飢渴地吸納別人——時間或空間上的別人——曾經製造、整理出的答案。爲了提供解決，我們自以爲是地詮釋人類歷史經驗，想方設法裝出雄辯的姿態來說明、來呼籲、來號召。

『生活的目的究竟是什麼？』這個大問題吸引了一代年輕人接近存在主義，聽搖滾樂、撿拾美國嬉皮世代的種種牙慧。

「『國家的危急存亡怎麼辦？』這個大問題吸引了另一代年輕人回溯禁忌的歷史，凸顯『五四』文化革命的意義，試圖由重建中國文化現代意義來給自己信心、給別人信仰。

『我到底是誰？我和我的鄰人之間的關係究竟是什麼？』又一個大問題催促了一代年輕人認眞爬梳台灣過去的人與事，湮沒遺忘了的殖民、抗爭、農村鄉土經驗，樹立起『本土』做爲答案，將『本土化』供爲解決。

「沒錯，那些年代都有問題，可是那些年代也都相應爆發了解答問題的熱情。在熱情中拼湊出來的答案與解決，當然不會是完美的，然而不完美反而刺激出更熱的熱情、更積極的追尋。

「那個追尋的年代。追尋自我、追尋眞理、追尋正義、追尋剎那的美與永恆的愛、追尋所有值得與不值得追尋的夢與理想。那份一直在路上的感覺，不安、惶惑、遲疑、猶豫、困頓、矛盾，但就是沒有停下來，不會想要停下來的舊時光、老年代。

「與舊時光、老年代相比，我清楚感受到，現實最大的特色，正在於失去了尋找答案的信心與動力。一個問題引領出另一個問題，一串問題帶著另一串問題，問題不斷累積，直到我們被問題給淹沒了。

「活在問題之海包圍中的人們，不知從什麼時候開始麻木了、開始犬儒了。到處有人叫囂著拋擲出更多的問題，到處有人亢奮地量產著分析、評論與更多的分析、評論，可是每當認真地要探索，『那答案在哪裡？解決是什麼？』時，我所能得到的幾乎都是聳聳肩的苦笑，或是促狹刻薄的嘲諷。

『問題年代』背後有個越來越牢固的預設：問題是不可能解決的，也不必白費力氣去找尋答案。『問題年代』裡還誕生了一種奇異的自虐傾向：誰能製造、渲染出越不堪的問題，誰能危言聳聽刻畫末世的威脅，誰就能在這個年代受到最多注目、贏取最高的收視率。」

失去追尋衝動，也不願忍受追尋的折磨與挫折風險，正在快速腐蝕現在的社會，讓這個社會停滯怠惰。

## 讓我們追尋答案，不光製造問題

我認知的今昔對比，應該不是來自懷舊的情緒。就在寫了上面那篇文章沒多久，我遇見了舒國治，他好意送我一本一九七七年的《生活筆記》。舒國治解釋：那年有朋友出錢，找他和張照堂編一本有特色的週曆。張照堂找了許多特別的相片，舒國治則按日標上當天生日的名人，還在週曆後面附了足足八萬字的名人簡介。

翻開這本當年暢銷賣了不少錢的古董月曆，彷彿就回到那個年代的氣氛裡，那個年代的人，對於外來的人物、文化，充滿了好奇追求的熱情。

看看《生活筆記》上列了的名人有哪些吧，光是一月份就有：畢蘭卡斯特、史提夫史第爾斯、程硯秋、卡爾山德堡、貓王普萊斯利、尼克森、瓊拜茲、吉姆克羅棋、洛史都華、傑克倫敦、傑克生波拉克、史懷哲、約瑟夫羅西、費唐娜薇、徐志摩、拳王阿里、哈台、卡萊葛倫、丹尼凱、納蘭性德、愛倫坡、塞尚、里察賴斯特、傑妮斯喬普琳、費里尼、屈原、拜倫、葛理菲士、J. J.強生、珍妮摩露、毛姆、梁啓超、保羅紐曼、莫札特、劉別謙、克雷歐登堡、契訶夫、羅曼羅蘭、金哈克曼、凡妮莎瑞葛蕾芙、舒伯特和諾曼梅勒。

洋洋灑灑，清楚是那一代時麾青年的精神寄託。

也在那幾天，我和上司兼老友王健壯聊天，談起三十年前，他當兵退伍後，主編了充滿知識分子使命感與歷史探索主題的《仙人掌》雜誌，雜誌第一期，以梁啓超爲封面人物的，再版三次，一共賣了三萬本。

驚人的數字，清楚顯示那個時代的熱情所寄。不是要讓台灣回到那個時代，而是要讓台灣重拾那種知識的熱情與追尋解答的衝動，來活化當今的社會。

「勇於教育」，別把不具娛樂性的教育看作是件羞恥的事，是對於這個時代社會的第一劑解藥。

## 第三節　不再知道「標準」爲何物的迷惘

「勇於教育」的另一個原則，是重建教育的標準。用公共的標準取代私人的標準，用質的標準取代量的標準。

幾十年來，大家都心知肚明台灣教育最嚴重的兩層浪費。

一層浪費是前面提過的，十多年教育過程中，學生花時間在太少的教材內容上。教改之後，有家長抱怨現在的教材內容太「多」，學生都學不來。可是我們如果看看一般美國中等程度以上的中學生，畢業時已經讀完許多文學、歷史乃至科學上的名著，比較之下，我們給學生的，怎麼能算「多」呢？

會感覺「多」，因爲我們習慣衡量的標準是要能把那些內容都背下來，禁得起考試的反覆探測。老實說，再好的教材，都不值得學生花那麼多時間學習的，把那些教材翻來覆去吸收進去，怎麼可能得到相應的代價呢？

還有另外一層浪費，是學生在學校裡學的，與他將來的人生經常是脫節的。學生行禮如儀學了一堆或許太過僵化、或許落伍、或許根本就沒有興趣的東西。這些東西非但無助於他未來之用，而且說不定還構成障礙，逼他以後還得花時間努力擺脫。

十年教育改革過程中，設了一大堆大專院校，然而根本問題都沒解決。新設的科系、研究所，仍然和社會上的需求搭不上線。學生仍然往往莫名其妙進了某個科系，對自己的前程迷惘無知。

## 重新安排大學資源分配

我們需要立刻以未來十年的國家策略爲藍圖，重新安排大學資源分配。大學系所怎麼開怎麼教，不應該只顧慮學校的私利標準，應該有國家整體的考量。例如說，十年後台灣的政經位置，會與東北亞進一步緊密交結，那麼今天就應該鼓勵關於中國、日本、韓國的學習與研究。而且其重點，不應該只在語言學習，而在培養一群能夠深入瞭解中、日、韓，進而與中、日、韓交涉溝通的人才。培養這種人才需要什麼訓練，大學就該朝那個方向走。

又例如，十年後台灣的產業一個新核心，在於文化內容產業，那麼大學裡該提供的，一邊是讓文學藝術科系學生，能夠具備產業創意與行銷概念；另一方面讓商業管理的學生，獲得浸淫文化、領略文化的方法與能力。

沒有目的，就設計不出手段。不顧目的隨意施行的手段，終究造成浪費。

如果可能，也應該以十年為期，進行更大規模的學制改革，仿效西方系統，清楚分出高等教育的基礎涵養，與職業上所需的訓練。

在美國，大學階段要學的，是人文與科學純粹知識，沒有什麼功利考量。美國的大學教育理念主張，要讓大學生具備理解世界的基本條件，然後才去考量職業選擇。所以大學的科系劃分，一定是知識系統的劃分。大學畢業之後，才有職業上的分類出現。

以我念過的哈佛大學為例，整座大學（university）一共包括九個學院。其中兩個學院是專門教育大學本科生的。大學畢業之後，對於純粹的知識、學術有興趣繼續追求的，去「文理研究院」；不走學術道路，要尋找職業上進一步深造的，則有六個職業學院可以選擇——醫學院、法學院、商學院、教育學院、公共衛生學院以及公共行政學院。

是的，醫學院、法學院、商學院都是職業學院。選擇走這幾條路的人，應該先要具備一般的文理知識訓練，這樣他們才能眞正確知自己的生涯要幹嘛，他們也才能帶著基本的判斷是非能力、鑑別品味能力，不致於將醫學、法律和商業行爲，都只看作技術。這樣才能盡量降低醫生不懂醫德、律師不尊重法哲學、管理經營者眼中只有金錢的弊病。

這套制度，值得引進台灣。台灣學生念研究所的比率越來越高，在學時間越來越長，與其讓他們在混淆不清、迷惘困惑的狀況下再多混幾年，最好還是趕緊分別開基礎高教與職業高教，務求每個大學畢業生，都具備一定的「文明素養」，而且等他成熟確定了職業方向後，可以全力衝刺，在研究所階段密集學到最直接最有用的技能。

把被教育系統浪費掉的時間、精力，擺回社會的創造前進上，台灣怎麼可能不變得更好？

## 第四節 不知眞實「本土」爲何物的迷惘

從歷史中，看到了弔詭。

二十多年前以「鄉土文學論戰」爲主要事件，孕育出現了「本土」與「本土化」的初始概念。如前面引文中提過的，「本土」、「本土化」是一輩熱情深思，試圖以文學介入政治經濟的青年們，找到的答案。那他們問的是什麼樣的問題？他們想要擺脫空洞、虛幻的國家意識型態，落實地、「地對地」地探查：「我是誰？我活在怎樣的時代怎樣的環境裡？我和我周遭的人之間的關係是什麼？」

有那樣的疑惑，才會找出那樣的答案。

四分之一個世紀過去了，「本土化」變成了主流，甚至變成了政府不遺餘力推動的意識型態標準，然而當年的疑惑問題，卻沒人再認眞在乎地問了。

「本土」、「本土化」不再是一種態度、一種方法，變成了一套固定的意識型態。這種狀況下，「本土」、「本土化」取代了以前的國家意識型態，反而阻礙了我們對於現實的觀照與理解。

## 台灣應該從地球上除名

我認識一位激進左翼朋友，他們幾個人拿自己少少的薪水，辦立場鮮明的通訊小報。許多看過他們刊物的人，很容易直覺地批評他們教條主義，與台灣現實脫節。

有一次我和這位朋友談到台灣，他突然激動地說：「台灣簡直沒有資格存在於這個地球上，照我們所做的，簡直應該被從地球上除名！」我莞爾一笑，想說他那種義憤塡膺誇張的老毛病又犯了，於是淡淡地問：「你的起訴理由是什麼？」

他反而冷靜下來。縷縷一條一條對我描述，他們在外勞諮詢服務中，聽到看到的種種案例。台灣人是如何對待遠渡重洋來的那些外勞外傭們。台灣家庭如何苛待家中外傭，卻還堂皇地相信那是做主人的「基本權利」。許多外傭根本沒有固定空間可以休息、睡覺，爲了怕外傭跑掉，就不讓他們放假。動輒打罵、動輒派他們到親戚家裡做額外的工作。男主人對外傭毛手毛腳，甚至連家裡的小孩都習慣欺負外傭，絲毫不以爲意。

在工程中大量擔負粗重工作的外勞，待遇也沒好到哪裡去。沒人事先教他們任何安全守則，沒人顧慮他們的工時長短，沒人在意他們是否會因過度疲累而出意外。任何具危險性的工作，不管三七二十一，都推給外勞做。他們沒有管道認識台灣，沒有管道求取幫助，只能在始終陌生、歧視的環境裡自生自滅。

我現在只能用抽象、一般的語言轉述，當時朋友講的一樁樁活生生、乃至血淋淋的案例。他講得如此直接眞切，講得我忍不住淚流滿面。我以爲自己不能負荷想像那些人所受到的痛苦，沒想到我的朋友不放過我，他尖銳地評論：「這是羞愧的眼淚，是吧？你是爲台灣竟然變成這樣一個社會，而難過得受不了，是吧？」

是的，我只能承認。我難過，因爲我不是個不瞭解台灣社會的人，我一點都不懷疑朋友說的那些事的眞實性，換句話說，我早已意識到殘虐狀況的可能存在，但卻不曾認眞探究。

我爲台灣感到羞慚，也爲自己感到羞慚。從一個角度看，被視爲「教條主義」的朋友，其實比那些服膺「本土化」意識型態的人，更貼近台灣。他在凝視台灣現實中一塊陰影，那陰影不是空的假的，而是因爲太眞實所以被藏匿在黑暗裡，大家不去看，假裝看不見。

外傭外勞，以及外籍新娘大陸新娘，是「本土」的一部分，卻不在「本土意識型態」接納範圍內。今天成爲主流霸權的「本土意識型態」，別說是外傭外勞，就連來台灣居住了幾十年的「外省人」，都不在他們的「本土」範圍裡。甚至連像我這樣一個純純粹粹本省籍血緣、二二八受難者遺族，曾經致力於本土歷史的研究與書寫的人，只因爲我主張的廣義的「本土」，和他們路線不合，他們也可以祭出霸道的姿態，將我排除在「本土」之外。

如果「本土」帶有這麼強烈的排除條件，排除完了，剩下的那一小塊，怎麼會是眞實的台灣呢？本來要拿來反抗「虛幻中國意識」的「本土」，今天卻搞出了一個「虛幻的台灣」，一個只存在於本土意識型態者想像中的，假的台灣。

六〇年代以迄九〇年代，見證了洶湧的「留美潮」。很多人去了美國，很多人見識經歷了那幾十年美國最主要的衝突——種族衝突。用美國「民權運動」中檢討出來的標準看，台灣對待外傭外勞，已經是不折不扣的「集體歧視」了。隔離、壓迫、屈辱、剝削，哪一樣沒發生？更關鍵也更可怕的是，整個社會不覺得這樣有什麼不對，不具備歧視自覺的歧視，是最嚴重的歧視。

## 歧視腐蝕了「人的態度」

因爲這些被歧視的人，不會長期居留在台灣，我們就誤以爲自己很安全。儘管那麼多人留美，卻太少人學習到美國歷史的教訓：集體歧視造成的最大傷害，在於腐蝕了一個社會「人的態度」，讓這個社會習於隔離、壓迫、屈辱、剝削等不文明的手段，終致也無法再文明地對待彼此。

再深一層看，美國社會種族歧視影響到小孩的，最主要還只是隔離念不同學校，他們的白人家庭沒有大批地將小孩交給被壓迫被歧視的黑人僕傭帶大。

我們呢？家庭結構快速轉變，由父母照顧帶大的小孩慢慢成了少數。多數小孩在人格形成過程，依賴的是保姆、是祖父母，以及外傭。下一代的小孩，集體有著原生家庭與養育者之間的認同危機與撕裂創傷。祖父母帶大的小孩，要背負世代間不同價值的適應重擔，那外傭帶大的呢？他們對身邊最親近的大人，既依賴又輕蔑。他們經常要目睹父母權威施於自己養育者的打罵、羞辱，會如何接收、如何自我解釋？

這樣的環境，將培養出如何的人格？想來令人不寒而慄。十年中，這批小孩將陸續長大，與社會有越來越多互動，我們恐怕得預先多花些工夫，安排如何將他們的人格創傷程度，降至最低吧！

## 第五節　不知「老化危機」爲何物的迷惘

對於潛伏在自己身邊的嚴重變化，迷迷糊糊視若無睹，成了台灣社會現階段的特色。

必須要從迷迷糊糊（或裝迷糊）狀況中震吼一聲叫醒的，還有未來十年社會快速老化的事實。

「社會老化」，用的是兩個指標：社會人口的平均年齡，以及老人占人口中的比例。看得清清楚楚，這兩項指標，未來十年都是上揚的。

「社會老化」是最裝不得迷糊的，卻還是被台灣迷糊以對。人口統計就那麼明白，十年後，在既有平均壽命水準下，多少人還會活著、增加了十歲跨入老年門檻，再好算不過。

和外傭外勞問題相比吧。要預測十年內台灣外傭外勞人口的多寡，很難。政府政策會轉彎，外傭外勞的薪水可能波動，願意來的人會增加或減少，變數多得很。然而，十年內老年人口的變化，幾乎沒有別的變數會造成重大起落。

必定要來的，卻沒有準備不做準備。「老化社會」需要準備的，不只是「老人年金」或「國民年金」，不只是退休制度與退休金，不只是健康保險的收支結構而已。

## 從產業面省思老化問題

眞正務實地面對「老化社會」，一定要從產業面開始思考。老人越來越多，伴隨著出生率不斷下降，人口年齡分布必然失衡。年輕人少，老年人多，如果按照目前的作法不變，結果就是適合就業工作的人，越來越難承擔退休養老的人。

面對這種狀況，不可能單方面想如何讓年輕人提高勞動效率，也要反過來提高就業年齡上限。老年人體力快速衰退、反應變慢，不過相對地心智思考能力還能長期維持一定水準。面對「老化社會」的挑戰，我們應該從產業面創造適合六十歲以上人口持續就業的工作機會。例如說，大量增加研究發展部門吸納長期經驗的可能，多嘗試文化思考方面的產能產值，銀髮工作者，不適合把他們推到市場上去打工洗盤子，要設計新的勞動參與模式。

正因爲從來不願放遠眼光來思考，台灣存在著許多「倒行逆施」的不合理現象。過去幾年內，人口已經在老化了，社會上卻還湧現教師與公務員的「提早退休潮」。原本貧窮時代、人力過剩狀況下訂定的辦法，無法未雨綢繆進行調整，結果讓許多只有四十多歲正值中壯年的人，服務滿二十年、二十五年，就選擇退休領終身俸。這些人可以過得很優閒，卻加重了人口失衡產生的勞動壓力，也讓國家財政泥沼更深。

缺乏遠見形成的社會困窘，還有一個例子就是國民年金。老化的社會，最需要是銀髮族的基本自給能力。老人越多，越需要年金，以及年金提供的相關照顧。日本老化的情況比台灣早、也比台灣還快速，然而日本早就建立了年金機制，讓還在工作的人，從薪水中提撥一定比率，這些預儲的退休金，還可以投入股市或其他形式投資市場，做爲調節；另外也可以拿來建設各種適合老年人使用的設施，預做準備。到日本重要觀光景點，幾乎都可以看到年金體制興建經營的休閒會館，讓退休老人們不需花太多錢就能安享。

台灣只有「勞退基金」，而且勞退基金被政府視爲介入股市的政策利器，並不曾眞正以退休勞工福利爲第一考量。特定的公務機構，會有自己的休閒福利設施，例如分散在各地的「警光山莊」，然而整體而言，我們的老人得不到什麼普遍休閒服務的。

最需要國家投資架構老人福利基礎，國家卻搞得一窮二白。國民年金制度被拿來當選舉支票多少次，卻遲遲沒有兌現，關鍵就在「沒有錢」，而現在沒有錢不能做不願做，拖到以後才要做，會更難更昂貴。

## 預防「世代對立」問題

「老化社會」該做的準備，還包括城市空間的改造，以及社會組織的改造。惟有改造過的城市空間，才能讓銀髮族不被困鎖在家裡，繼續參與公共活動。在家庭結構不再能支持三代同堂、四代同堂式的老人照護安養時，我們需要新的組織，不管是鄰里形式或俱樂部形式的，讓老人家們不寂寞。這類組織如果能和產業結合，形成一種公社式勞動組合，不只解決獨居問題，還提供成就感與歸屬感，那就更理想了。

城市空間改造與社會組織改造，台灣都不曾用心，當然也就不會有什麼創意可言了。在跨代家庭崩解之後，一般想到的替代，只有租賃形式的安養院。把老人關進狹小空間的安養院，讓他們群聚相濡以沫，是我們唯一的辦法，但這種辦法，終究會造成更大的問題。

那隱隱然威脅著的更大問題，是「世代對立」。沒有好好安排處理的話，大批老年人，依附在少數年輕人身上，勢必會引發「老化歧視」。年輕人視老人爲負擔，要嘛盡可能將老人推出生活之外，嚴重的就索性遺棄，就算還能留在家裡的老人，恐怕也難逃遭到殘虐對待的命運。

就連像日本那樣講究社會規範、講究輩分倫理的國家，又已經提早預防老化問題，最近都還爆發嚴重的「虐老」問題，台灣，一個充滿暴戾之氣的地方，敬老態度早已消失殆盡，怎麼可能逃得過這種悲哀的現象呢？

## 第六節　面對暴戾之氣束手無策的迷惘

除非我們現在誠實、積極地面對那份鬱積在社會各個角落的暴戾之氣，以十年爲期，讓台灣眞能提供安居的條件。

台灣的治安並不算太差，然而卻到處都是在犯罪邊緣的暴戾氣氛。暴戾的一個根源，台灣人也選擇寧可迷迷茫茫以對的，是越來越嚴重的貧富差距。貧富差距與城鄉差距重疊，而且有高度產業相關性。

台灣的經濟結構，早已不合理到：任何差異都會反映成收入上的距離。農業早已殘破，只是過去農家還能靠「非農業所得」維持小康。說穿了，也就是靠外地打拚的子弟匯回部分工資酬勞來維繫。這種情況，隨著「三老農業」（老祖父、老祖母、老媽媽）更加沒落，以及家庭責任意識的變化，越來越無法維持了。幾個農業縣分，快速墜落成台灣的二等公民。

民進黨懂得善加利用農業地帶的高度挫折與悲憤，得到選票取得政權，然而他們實質回饋這些地方的，幾乎只有一種虛幻「台灣人出頭天」、「南部打敗北部」的榮耀，至於實質的貧窮困境，哪有什麼改善？

## 所有差異都轉化成貧富差距

在台灣，財富高度集中於科技產業，於是科技落差、數位落差，也同樣轉化成為貧富落差。表面上看來繁榮的服務業，和蕭條沒落的傳統產業，其實一樣都只分得了集體財富的一小部分。

目前貧富差距拉大，卻沒有形成集體騷動，主要還是靠流傳的種種富人神話，以及相應的「機會幻想」。這個社會鼓勵每個人崇拜財富，然後幻想自己有朝一日也能成爲神話的創造者。因爲將自己的未來投射在富人神話上，所以不只能忍耐眼前的貧窮，還願意認同富人們窮奢極侈的消費行爲。

可是那並不是眞正的機會。台灣經濟模式，明顯在九〇年代脫離了過去中小企業路線，開始快速集中。中小企業不再是主流，中小企業也不再是利潤的主要創造者。大財團興起，吞噬了各個經濟部門，也就排擠了未來中小企業生存的空間。

換句話說，「黑手變頭家」越來越困難、越來越不可能了。然而無視這種實際的傾向，我們的媒體卻還是大張旗鼓炒作少數白手起家的科技新貴，講得好像台灣還是遍地黃金到處機會一樣，多少人被這種虛幻假象迷得昏頭轉向，看不到橫在眼前，擋住出路的大鴻溝。

虛幻的欺瞞不可能持久。當中小企業創業不再是條可行的路時，部分迷於富人夢的人，就走上詐騙的道路。

社會學家鮑曼（Zygmunt Bauman）的名言：「沒有信任，我們連早上起床的勇氣都沒有了。」爲何那麼需要「信任」？因爲社會互動運作，本來就不可能遵循完全嚴密的程序，要能有效率地做得了事，這中間非得有些漏洞不可，純粹靠「信任」來填補。

我得信任公車會照規矩發車，我得信任公車司機會走該走的路線，我得信任便利商店買到的牛奶眞的是牛奶，我得信任電視台報的新聞眞的有發生……

太多事情，我們不可能一一查證，換個角度看也就是：太多地方，我們很容易受騙，如果有人存心要騙的話。

## 詐騙大行其道

台灣的詐騙，嚴重到防不勝防的地步。幾個月前，一次朋友聚會時，我的手機傳來簡訊，一看是某家銀行的通知，說我的現金卡剛剛提領了兩萬九千元，如果有問題，可以打客服電話詢問。我一邊看一邊脫口而出，自言自語說：「我哪有什麼現金卡，怎麼可能提領兩萬九？」正要撥打上面的「客服電話」時，被朋友制止了。

朋友解釋，這又是詐騙集團的傑作。他們隨意濫發簡訊，假裝是台灣現金卡發卡數最多的銀行。如果你根本沒有那家銀行的現金卡，那對方就會跟你說是電腦弄錯了。但如果你剛好有那家銀行發的卡，對方就會以核對帳單爲由，向你詢問種種個人資料，包括身分認證資料。取得資料後，他們拿你的資料向眞正的發卡銀行掛失，要求補發新卡。新卡當然不會寄到你家，而是寄到他們手裡，他們就可以堂而皇之拿新的現金卡提光所有額度了。

我聽得目瞪口呆，要是人家不講，自己怎麼可能猜得透這中間的蹊蹺！另外一個朋友接著描述，一位親戚的女兒，接到手機電話，有人在電話那頭歇斯底里地罵她不要臉，搶人家男朋友。她辯白無效，掛掉電話，那人就又打進來，亂罵一氣。沒辦法，她只好將手機關機，避免騷擾。手機一關，她媽媽的手機就響了，有歹徒宣稱綁架了她，要她媽媽立刻去匯錢才能救女兒，背景還傳來女生哀號求救的叫聲。媽媽馬上試圖打電話聯絡女兒，卻怎麼打都沒回應，自然就急得像熱鍋上螞蟻了！

話題一扯，那場聚會聊天焦點變成了「騙術大觀」。雖然在交換各種騙術情報時，朋友間不時爆出笑聲，可是我知道大家心底都有一塊沉重如鉛、冰冷如銅的部分。再怎麼多的騙術情報，也涵蓋不了騙徒的手法，如果他們決心要騙，如果他們持續這樣運用巧思、推陳出新的話。

有朋友驚異並感嘆，這些詐騙集團怎麼如此聰明，爲什麼不把聰明想像用在正途上呢？我卻驚異並感慨，到底是什麼樣的力量，讓他們那麼堅持要騙人取財？一招被識破被公布了，就再想另一招。利用不了人類想不勞而獲的貪心，就利用人類害怕損失、害怕受傷害的弱點。

他們不可能不知道受騙的人會多懊惱多慘。一般的、從前的騙徒，畢竟還會有罪惡感，通常一種手法被拆穿了，會產生恐慌，就暫時放棄一下不良勾當。今天台灣的騙徒，似乎既沒有罪惡感，更沒有恐慌。

這就是我所說的那種社會底層的暴戾，不再願意受任何道德、秩序約束的暴戾之氣。暴戾不見得一定表現爲動作上的侵犯，更可怕的反而是心態——所有的規矩、所有的準則都是狗屁，只有利益和懲罰是眞的。

## 暴戾侵蝕台灣靈魂

暴戾心態已經嚴重侵蝕台灣人的靈魂了。治安沒有明顯變壞，因爲當政者倒是找得到一帖有效的藥方，那就是「提高『見警率』」。讓人經常看到警察的蹤影，讓人隨時意識到幹壞事被抓到被懲罰的機率蠻高的，如此來阻止犯罪。

用孔老夫子兩千多年前的話說，就是「道之以政，齊之以刑，民免而無恥。」雖然大部分時候不犯罪，可是一犯起罪來，那就幾乎無所不用其極了。這正是今天台灣社會的寫照。

刑案沒有增加，可是令人髮指的作案手法比例卻提高了。當年「媶公圳分屍案」，造成多大轟動？殺了人還能冷靜殘酷地分解屍體，是件多麼背理悖德的事！然而，這兩年殺人分屍案在台灣竟然變成司空見慣的新聞了，就連社會記者都記不清、數不清到底發生多少樁了。

孔老夫子那句話，還有下半句：「道之以德，齊之以禮，有恥且格。」因爲心中有行爲標準，視失格行爲爲恥辱，才會主動做正人做好人。道德聽起來很八股，然而道德卻是現代生活中非常實際的成分，你願意活在好人正人中間，還是活在一群騙徒暴力之徒中間呢？

台灣的迷惘，有一部分就來自於沒有了大家普遍接受的正信正行。現代社會人與人間建立信任所需要的行爲準則，其實我們不是不知道，然而我們卻沒有把握應不應該遵守，更沒把握別人會不會、要不要遵守。別人不遵守，那我們怎麼辦？我們遵守了卻吃大虧受大傷害，又要怎麼辦？

整個社會，活在這種惶惑裡，眞的蠻可憐的。難道不應該積極想些辦法，擺脫這種迷惘與恐懼嗎？

## 第七節　分不清表演與事實的迷惘

巨大的迷惘，有一部分來自巨大而扭曲的台灣「表演文化」。

短短二十年，台灣從一個保守，對「表演」帶有強烈反感的社會，蛻變轉型為「表演」無所不在的社會，這一百八十度的大翻轉很難讓人不驚訝。

所謂「表演」，廣義地說，就是將日常生活眾多瑣碎的行動與情緒，選擇其中一部分，予以誇張擴大，造成吸引注意力的戲劇性效果。

## 過去「反表演」的心態

台灣過去「反表演」心態，有傳統文化影響，也有現實社會產生的壓力。

不管是來自中國、日本或台灣本身的農業環境，都不鼓勵、甚至不信任「表演」。含蓄少表情、少肢體動作，通常會得到「忠厚」的評價，背後也就意涵著可以被信賴的正面肯定。相對地，好動多表情或能言善道的人，卻會被貼上「奸巧」的標籤，因而被厭惡或被害怕。

此外，一個威權統治的國家，當然也不鼓勵人民有個性，凸顯出和別人不一樣的地方。在那個年代，一大堆舉止、表情一致化的群眾中，如果有人「與眾不同」，總是引來側目與指責。那個年代的原則是「凸出來的釘子最先挨榔頭」，畢竟，平板、統一的群眾是最好領導的，也給統治者最安心的感覺。

所以那個年代，總是有參加不完的集會。集會就是要讓大家一起做同一件事，消泯個性。一起唱國歌、一起升旗、一起聽訓、一起喊口號、一起排字、一起做大會操跳大會舞、一起直挺挺站在總統府前慶祝國慶、光復節、總統誕辰、行憲紀念日、開國紀念日……

所以那個年代，拋頭露面以表演爲業的人，總免不了受到各式各樣懷疑的青白眼。戲演得再好，不，戲演得越好，越受到懷疑，懷疑這人「非我族類、其心必異」，懷疑這人的「眞我」在哪裡。

隨著解嚴開放、威權崩潰，壓抑已久的「表演」得到解放，爆發出活力，是可以想像、可以理解的。解嚴後四、五年間，跟街頭運動同時熱鬧繁榮的，不正是呼喊解放身體與解放情感的小劇場運動嗎？「表演」釋放人去發抒自我，宣告與壓抑沉悶的威權時代告別，也和沒有個性沒有容貌的集體主義劃清界線。

然而一度誇張自我情感表現那部分的「表演」，幾年內很快沉寂下來了。取而代之的，是另一種流行的「表演」。

那就是刻意戲謔、惡作劇，以口頭羞辱別人、以行爲整人的「表演」。像一場大瘟疫，比SARS還要凶猛，這股「表演」浪潮，最早占據了所有的電視綜藝節目，接著蔓延感染了戲劇節目，最後又在政治性談話節目上大放異彩。

## 爛仗中崛起的叩應節目

一九九四、九五年，台灣有線電視大開放，剛好政治選舉熱也大發燒，於是提供了一個電視及其表演文化介入政治的奇特契機。一九九四年年底，北高市長選舉時，對選舉衝擊最大的媒體，還是「地下電台」，然而一九九五年，政治談話節目鼻祖，李濤的「二一〇〇全民開講」出現，地下電台就快速退到舞台邊緣了。

有線電視環境，又是一個沒有遠見的社會搞出的經典鬧劇。當系統業者已經在台灣各地上山下海牽線時，政府仍然不承認「有線電視」這種東西，更別提有什麼三年、五年發展的政策了。等到情況失控，實在管不住了，政府就乾脆撒手不管，幾乎是一夕之間，有線電視的系統與電視台，一起開放。

造成了失序的劇烈競爭。太多電視台搶奪觀眾與廣告資源，在亂集團中，正規戰是沒有機會打贏的。誰能用最低廉成本製作還能吸引觀眾的節目，讓自己有限資本可撐得夠久，撐到別人都不支倒地了，誰才會是贏家。

在打爛仗的環境中，找出了複製「地下電台」經驗的辦法。讓觀眾成爲參與者、表演者，以 Call-in 機會來吸引他們停留眼光。

Call-in 怎麼會是電視應該做的呢？只見聲不見影，那要電視畫面幹嘛？雖然不合邏輯，Call-in 卻大有好處——現場直播不需要後製成本，布景簡單、工程技術幾乎沒有難度，正適合草創期設備人才都嚴重不足的有線電視台。於是，管它什麼邏輯，上了再說。

Call-in 節目談什麼？談觀眾會有興趣打電話進來發言的題目，基本方向就是讓他們會強烈贊成或強烈反對的東西。那個時代，政治、選舉，總是刺激最強烈的情緒，當然就鎖定政治來搞了。

Call-in 節目開始製播，很快就取得了自己的生命，從依賴政治維生的小動物，快速成長爲一隻大怪獸。

大怪獸轉而把政治與政治人物操弄於其巨大股掌上了。誰想要得到權力、或維持權力，都必須和「電視政治」打交道。「電視政治」幾乎簡單到只有一條標準——誰會表演，尤其是表演辛辣、惡毒的語言工夫，誰就能幫忙刺激觀眾情緒，誰也就能得到「電視政治」的青睞，從中獲取知名度與支持度。

大怪獸再來也把它應該要討好拉攏的觀眾給改造了。Call-in 節目不再眞正對有意見的觀眾開放，任他們發表想法，而是設計了種種方法，塑造出一種統一風格的觀眾表達模式。觀眾意見必須簡短、必須在幾十秒鐘內切到重點講完，也就是必須沒有前戲，直接高潮。

同樣限制，繼而又施加到現場來賓身上了。爲了收視率，爲了不讓手握遙控器的觀眾跑掉，任何一段發言都不准有頭有尾有中腰，越切越短的段落，最後就產生集體且具體的「反智」效果了。

不能講道理，只要拚情緒。也就是大家都要隱藏理性的一面，專注表演情緒性的一面，從主持人到現場來賓到 call-in 觀眾，一律如此。

還有，一旦確立了這種「表演」風格，節目就必須不顧社會原來的狀態，努力製造出強烈贊成強烈反對的議題。道理上應該見仁見智、應該協調溝通、應該可以兼容並蓄的公共事務，就硬生被用種種手段切成「非A即B」的單選題，然後再在單選項目上表演情緒。

## 只剩下圈圈叉叉的能力

這實在是驚人的退化。整個社會在政治議題上，快速失去做論說文的能力，再來失去答申論題的能力、失去應對簡答題的能力，最後退化到只能畫○或畫×，選一或選二，退化到小學生考試的階段。

這套運作，吞噬進社會能量後，又發展成一組工業。一隻怪獸變成一群怪獸。同樣邏輯運用在新聞台的競爭上，決定了新聞產製與消費之間的關係。

許多電視台經營者，拿觀眾品味當擋箭牌，其實台灣新聞台的壯大，是最典型、最成功「供給創造需求」的案例。新聞台絕對不是被動呼應觀眾需求，而是積極、具侵略性地誘導、進而改造了觀眾的品味。

這組被供需鏈帶鎖住的品味，裡面有著高度的嗜血成分。像是巴伐洛夫實驗中訓練出來的狗一樣，只要有血腥、傷害、衝突、紛爭、搶奪，我們的新聞媒體就兩眼發紅，我們的社會也就跟著兩眼發直。

所有正常社會、健康社會不應該發生的事，都被媒體誇張放大了。反過來看，任何人要成爲新聞人物，都必須試著去幹些正常社會、健康社會不應該允許的事。

整個社會失去了存在的「基本道理」（common decency），所有會在媒體上出現的人物，幾乎都示範著某種暴戾的行爲。撒謊、罵人、侵犯他人人格或身體、傷害他人、劈腿、仇殺、捏造各式各樣不存在也不該存在的聳動故事……

活在這樣的環境裡，人怎麼能不懷疑自己原本相信的正直行爲準則呢？當每個公眾人物示範的都是破壞準則的行爲，我們還要如何說服自己，做個正人做個好人，是對的，是人生應該追求的重要目標呢？

活在這樣的環境裡，人怎麼維持對於「常識」（common sense）的尊重呢？無知卻情緒性的語言充滿空中，有時擺出一付炫耀無知的姿態，有時換上一付權威面孔正經八百講完全胡謅的知識，弄到後來，這個社會非錯亂不可了。

沒有common decency，也沒有common sense，這個社會當然也就慢慢流失了一切將人與人團結在一起的共同力量了。

## 第八節　再難都要做的社會再造工程

未來十年，一定要艱苦地進行逆向的社會再造工程。

工程可以從很技術面的地方開始。例如從改良目前電視收視率調查方式開始。現在的調查，依賴裝設在一千多個樣本家庭裡的串流機，顯示收視行爲，而這些樣本家庭是依照人口分布數據選出來的，包括地區、學歷、收入、年齡等等。看起來「科學」的作法，卻有個大盲點，那就是把這些分類收視加總呈現，於是愈有時間看電視的人，在收視率上的貢獻越高，他們的品味也就越能影響電視節目。

什麼樣的人最有時間看電視？沒有工作、沒有社會活動、沒有其他休閒娛樂習慣的人。讓我們誠實想想，這種人是社會的主流消費者或家戶內的消費決策者嗎？當然不是。可是廣告公司只能照收視率下廣告，電視台只能照廣告量選擇節目方向，結果就成了：一群沒有工作、沒有社會活動、沒有其他休閒娛樂的人，卻坐在電視前，就決定了這個社會的品味。

我一向相信，只要用點心，做一份仔細的社會菁英收視調查、或家戶內消費決策者的收視調查，結果跟今天做的一定非常不同。廣告業主與廣告代理商，應該相信哪一份、應該用哪一份當標準？你覺得呢？這樣一份不同的品味指標，就足以止住台灣社會下滑的趨勢，創造比較正常、比較健康的機會。

眞的嗎？做做看不就知道了嗎？

社會再造工程，也可以從少數人的自覺理想行動開始。那就是公共知識分子的集結。尊重理性、講道理、追求並掌握必需的專業知識，是知識分子必具的條件。在此之上，我們需要對公共事務的熱情與耐心，熱情到將公共事務視爲自己的責任與使命（還記得「以天下爲己任」的老勵志口號嗎？），耐心到願意觀察調查社會紛紜的現實現象，不用粗糙籠統的理論、模式來套。我們還需要知識分子的組織力量，以及創造發言溝通管道的決心。公共知識分子本良心及對台灣社會的深入瞭解，合作集體發聲，我不相信這個社會麻木迷惘到不會至少醒過來看看，不是看公共知識分子們表演，而是看看自己一身邋遢落魄的實況。

眞的做得到嗎？做做看不就知道了嗎？

第五章

# 從集中到多元分散的台灣經濟

## 第一節　美國汽車工業興衰教訓

八〇年代對美國汽車工業，眞是噩夢一場。七〇年代開始打進美國市場的日本汽車，突然之間從消費者印象中的廉價次級替代品，翻身變成了最可靠最划算的家庭資產。以前，只有買不起美國車的人，才買日本車；短短幾年內變成只有頭腦不清楚，愛國愛到昏頭的人，還在買美國車。

豐田、本田、日產，這幾個廠牌迅速崛起成爲美國社會最熟悉的名字。本田「雅哥」銷售年年三級跳飆升，搶占了「銷售第一房車」的地位。豐田則創造了一個足以改變美國整體產業——不只是汽車業——的神話，日本人追求完美，不能容忍瑕疵的管理與生產態度。

日本車最重要的行銷利器，是美國消費者的口碑。儘管日本車外形平庸、也沒有特別驚人的新鮮配備，然而開過日本車的人立刻就發現：這車開起來如此順手，每個細節都展現著細膩體貼的考量。多開一陣子日本車的人還會發現：這車怎麼都不會壞？怎麼都不需要進修車廠去換各式各樣零件呢？

日本車銷售上另外一個重要助力，來自美國三大汽車廠——福特、克萊斯勒和通用——的老大、拖沓、馬虎與因循。三大汽車廠原來還把日本車的成功，歸因於日本較低的工資，日本政府刻意傾銷的策略，在三大汽車廠施加的強大壓力下，美國聯邦政府逼迫豐田、本田、日產要「公平競爭」。於是本田率先將最受歡迎的「雅哥」車款生產線，搬到美國，用美國原料與美國工人來生產，結果呢？不管在品質或價格上，依舊具有強大的優勢。

## 美國車復興的契機

在最講究可靠性的家庭房車市場，美國車一路潰敗。三大車廠面對崩盤局面，幾乎都束手無策。就連號稱讓克萊斯勒「敗部復活」的艾柯卡，老實說，也沒有多大的成就。八〇年代結束時，底特律汽車業終於認清了一項現實：再不徹底改革，很快「美國汽車」就會從這個世界上消失，成爲歷史名詞。

於是，九〇年代的前幾年，美國汽車業認眞進行自身體質的改造，不只是皮毛地想些廣告、行銷的花招、扯日本車後腳的小動作。

他們開始學習日本人、德國人的管理、生產方法。開始設計新的生產流程，降低成本、提高良率。開始採行更合理、可以刺激效率的人事政策。開始鼓勵企業內部創意，並努力建立「消費者導向」的新文化。

幾年下來，噩夢終於醒了。一九九四年，三大汽車廠竟然全都賺錢了。那年美國汽車大展上，一掃過去的陰霾，到處都是昂揚興奮的氣氛。挫折遠去，才有辦法眞正檢討認錯吧，通用汽車總裁致詞時公開說：「過去的成功帶來了自滿、近視，最終必將帶來衰敗。」看起來，美國汽車業擺脫了自滿、近視，從衰敗谷底翻身了。

美國車「敗部復活」，靠兩大因素。一是日圓升値效應，讓日本車廠紛紛轉而開發高價豪華車市場。豐田有 Lexus 、日產有 Infiniti 、本田有 Acura 。於是美國車可以在中低價位市場找到空間，反過來以較低價做爲號召。

第二項因素是，幾年來強調創新想法，以及整合行銷，一試再試，試出結果來了。那就是帶領九〇年代流行風潮的休旅車。休旅車是多座小巴（minivan）與家庭房車的混血種，一開始推出就設定了多面的行銷總攻勢，因而短短時間內從「產品」擴張成爲「流行文化」，勢如破竹，銳不可擋。

這次換日本廠措手不及。至少在美國本土市場上，三大汽車廠的休旅車，品質、口碑長期領先日本或其他外國車種。形象好、市場搶手，三大車廠就可以對休旅車維持比較強勢的價格策略，每賣出一輛休旅車，就能賺到比較多的錢。

靠著休旅車，維持了好幾年的榮景。可是休旅車的優勢，畢竟不可能永遠保持。日本和德國的休旅車，終於趕上來了。在市場投資者還沒做好心理準備前，突然，災難又來了。

一九九九年，克萊斯勒、福特、通用汽車三家加起來，還創造了一百九十億美金的利潤。沒想到，二〇〇〇年，克萊斯勒就賠掉了二十億美金，緊跟著二〇〇一年又賠掉了十五億。福特更誇張，二〇〇一年一口氣賠了五十五億。只有通用勉強維持不賺不賠的平盤。

市場不得不問：怎麼會這樣？怎麼前後兩年的表現，就可以這樣天差地別？

## 成功帶來自滿與衰敗

答案似乎正是：「過去的成功帶來了自滿、近視，最終必將帶來衰敗。」嗯，聽起來蠻熟悉的，不是嗎？

休旅車成功大賣，讓三大車廠停滯了原本改革的腳步。尤其是休旅車的高獲利，掩蓋了許多嚴重的問題。例如：雖然休旅車賣得好，可是房車市場上，仍然沒有值得稱道的美國車款，三大車廠號稱的「主力房車」，不只賣不過日本車，而且整體算下來，都是賠錢的。

又例如：三大車廠都沒有貫徹整合生產線的改革決心。每家車廠生產的車輛五花八門，從最大最豪華的、到最小最經濟的，應有盡有；從卡車貨車、到客貨車到吉普車到騷包跑車，一應俱全。這種亂鎗打鳥的策略，早就證明會造成管理與銷售困難，讓零件複雜存貨消化不良，可是他們就是沒有改、改不了。

休旅車一時風靡，掩蓋了問題。帳面上重現藍字，讓經營者降低了危機感與警覺心，也就鬆懈了改革的動機。等休旅車榮景不再，三大汽車廠一時找不到替代的明星產品，其他產品線沉重積弊再度浮現，公司表現立刻就大逆轉了。

如果任由目前情況一直發展，什麼都不做的話，我很擔心十年後，回頭看今天台灣經濟，我們看到的，會是美國汽車業遭遇的翻版。危機、轉機，轉機帶來一時的成功，結果反而阻礙了改革，等下一波危機再來嗎？那就很慘了。

## 第二節　高科技代工掩蓋了台灣經濟策略的缺失

台灣經濟的危機什麼時候出現？

八〇年代初期，開始有了「爛頭寸」的說法。什麼叫「爛頭寸」？就是有錢沒地方去，積在系統裡成了毛病。

爲了刺激出口經濟，新台幣長期緊釘美元，也就是該升不升，用低估幣值來壓低成本。維持這種不自然的情況，惟有靠外匯管制。法律上規定：私人不得持有外幣，沒有包括美金在內的自由外幣買賣市場，美金、外幣只能照中央銀行定的價錢，賣給中央銀行換新台幣。

八〇年代開始，出口貿易賺進來的大批美金，造成新台幣發行量激增。同一個時間，本來最能夠吸收這些新台幣的投資管道，不再暢通，出現了第一波危機警訊。

有資金沒處去，爲什麼？第一是因爲太多人對台灣沒信心，尤其是一九七九年美國正式與台灣斷交，信心危機升到了新高點。大家都怕台灣淪陷，誰要做長期投資？誰敢把錢丟到不容易變現帶走的生產事業裡？

還有第二個因素是，台灣原本發展的經濟政策，遇到了高原瓶頸。靠高度勞力密集、低技術的加工，能做多少東西？這些東西本來就不需要太多資金，又碰到來自東南亞、中南美洲的競爭，訂單越來越難拿，誰敢再丟錢去搞擴張？

舊的產業成長停滯、新的產業不見蹤影，當然就不會有資金需求了。

## 舊的走了新的沒來

再過來，情況更糟。中國大陸改革開放有了初步績效，兩岸幾十年隔離擋不住了，於是台灣既有產業，以紡織、成衣、雨傘、球鞋等爲代表，開始出走。這些產業的主力，本來就是沒受過政府青睞協助，自立自強搞出名堂來的中小企業，他們要走，也就最不受政府政策拘束了。

做爲台灣金融業的惟一業主，國民黨的金融策略嚴重偏斜：偏向公營企業、大企業、製造業，歧視民營企業、中小企業、服務業。容易取得資金的，擴張得快，而且往往投資效率不會太高；相對地，台灣中小企業幾乎無法從公營行庫借到資金，必須仰賴既不可靠、利息又高的民間借貸機制，辛苦得很。

據不完整（不可能蒐集到完整歷史資料）的統計研究，台灣民間通行的和會融資（「標會」），一般平均利息水準，差不多是銀行利率的一點九倍。換句話說，同樣借錢充當事業資金，沒法向銀行借錢的中小企業，必須創造比公營企業、大企業高一倍左右的利益，才能抵銷資金成本上造成的不利狀況。

這也說明了，爲什麼中小企業一直是「中小」企業，爲什麼中小企業活力旺盛，卻很少有中小企業升級變成大企業。規模擴張需要資金，資金取得不易、成本又高，還是留在原本的規模比較有前途。

這也部分說明了，爲什麼台灣中小企業做出口的遠比做內需產業的，多得多。內需市場一般慣例，從出貨到收進帳款，中間大概有半年的時間差。企業必須準備好這半年中的周轉資金，對取得資金不易的中小企業，顯然是很大的壓力。相對地，做外銷，出貨與買方的L／C同步，就沒有這麼大的資金問題。

自力救濟的中小企業不靠政府，等他們要走，要去對岸尋求更好的生產條件時，政府也就沒有條件拉住他們。政策是一紙空話，中小企業老闆們當然有對策可以應付。

「產業空洞化」成了那幾年間，隱然威脅台灣經濟的最大病症。舊產業出走擋不住，要想創造新產業，卻又被幾項不利的現實條件擋得死死的。

長期缺乏基礎建設投資，是一項不利條件。長期缺乏研究發展機制，是另一項不利條件。更別提台灣本身沒有豐富的自然資源，連最基本的能源，石油與電，都必須仰給於國外進口。

雖然七〇年代有「十大建設」，但台灣仍然是個基礎建設嚴重不足的國家。港口設備不足、道路不足、交通不方便、廠舍現代化程度很差，這些都形成新事業發展的障礙。再加上相對昂貴的油價、電價，國際化程度很低的行政與法律環境，外國新興科技事業，誰會選擇到這裡發展？

## 升級無望逼出改革

台灣本身的廠商，更沒能力自我升級了。從上到下，沒有人具備研究發展的概念，公司人員只能做、也只做當下眼前的事，要怎樣籌備新技術新生產？幾十年「實質鎖國」，人民沒有機會出國、沒有機會自由接觸國際資訊，少數能夠離開台灣開拓眼界的留學生，又多半滯留美國不肯回來，到哪裡尋找新觀念新方法新技術呢？

困境中，大家就像無頭蒼蠅般亂鑽。大批的錢先去了股票市場，等股票市場在一萬兩千點泡沫破裂，錢又大筆大筆轉進房地產。在錢多投資標的少的情況下，那幾年連美術市場都異常發達，本土老畫家作品頻頻飆出天價。台灣人突然變得那麼懷舊那麼有藝術氣質啦？不完全是吧！更大一部分因素來自那些作品成了市場上搶手的投資品。

回頭看，我們其實還要捏把冷汗，慶幸那個時代的台灣人被訓練得節儉、吝嗇，怎麼也捨不得將錢丟進消費市場裡。如果換作今天，這些錢就不會集中在投資市場上，遍地亂撒亂花的結果，帶來的就不只是窮人買不起房子而已，是更恐怖、更難收拾的全面性通貨膨脹。

在大陸吃過苦頭的國民黨，最怕的就是惡性通貨膨脹。危機邊緣的訊號，逼得他們不得不改變過去「創造經濟成長」導向的政策，必須改而追求「創造穩定經濟環境」。

本來一直宣傳「政府永遠是對的」，以至於自己也相信了的國民黨，被迫從自戀的幻象中醒過來，環顧周遭，一點一點看到了不那麼對不那麼好的種種毛病。

所以那幾年，八〇年代後期到九〇年代前期，國民黨總算稍稍動了起來。從「產業升級」的口號，一直到「亞太營運中心」的規畫，這一條歪歪扭扭的政策路線，可以說是國民黨由夢而醒的台灣經濟策略軌跡。

這條軌跡看起來不整齊、不漂亮，中間經過「西進／南進」爭議、經過「六年國建」大浮誇，經過台北市四千億蓋捷運系統的種種災難，最後畢竟到達了一個可以許諾光明的終點。

## 「亞太營運中心」的前景

「亞太營運中心」計畫細節中，雖然難免有空洞的部分，但整體看來，一方面充分利用台灣過去的產業基礎，例如高雄港貨櫃碼頭在全球航運中建立的優勢地位、以及台灣外貿活動建構的廣闊網路；二方面充分利用了台灣的地理位置與中國大陸政治封閉、經濟開放的獨特情況，可以吸引對中國經濟有野心卻對中國政治不放心的跨國企業進駐；三方面還充分利用了台灣本身人才特色與文化條件，導引向拉攏中國、日本、美國勢力在此幅湊交集，並且讓中國與世界彼此接近。

「亞太盆地中的台灣經濟」，這是明確、對的定位。當然，要轉化既有條件，變成「亞太營運中心」，必須要經歷多重改革，從自我認同到法律規範到企業集體文化，都會受到波動，然而有了定位與目標，改革就會好著手好推動多了。

那是台灣經濟最重要的契機。那更是台灣改革進入全球體系新位置最重要的契機。即使在「戒急用忍」的口號下，國民黨政府看著香港回歸、上海崛起，看到台灣不再有主力產業，危機感逼得他們還是要把「亞太營運中心」牽動的改革認眞當一回事。

可是就在這個節骨眼，台灣新興主力產業，悄悄出現了。那就是電腦硬體的零組件代工產業。這是個了不起的創新成就，意外地出現在過去從來不以創新著稱的台灣。

管理大師杜拉克談「創新」，總是特別提醒一般人把「創新」看得太窄了。「創新」不只有科學實驗室裡新的發明，或是新的技術，例如像管理上的創新、流程上的創新，有時比科技上的創新還要重要。

高科技代工產業在台灣，正是管理創新、流程創新的產業。流程創新上面，將原本認定的電腦製作流程單位打破了，讓每段流程獨立專業化，結果取得高效能與低成本的雙重優勢。晶圓生產切一段、主機板切一段、封裝測試切一段……台灣的代工廠，有把握讓每一段流程獨立做得比任何人都好，以此爭取到OEM訂單，改變了全世界電腦製造的概念。再來，還能由OEM進步到ODM，讓所有國際大廠都更離不開台灣的協助。

一九九九年九月二十一日，台灣中部發生大地震，最先深度報導這條新聞的國際媒體，幾乎都集中注意在科技衝擊上。「九二一」大地震震斷了台灣電力輸送動脈，造成大停電，國際媒體急著要知道的是：竹科的生產會受到多大多久的影響？在情況未明時，國際晶圓、DRAM售價普遍上揚。

大地震測試出了台灣的重要性與影響力，透過這些高科技代工產業，台灣不只和世界經濟接上線，而且構成了中間的重要鏈帶。沒有台灣，全球電腦市場就要完全改觀。

取得了這種重要性，台灣高科技產業也就有了較高的集體議價力量，得以維持頗高的獲利。再加上發揮了靈活調整的長處，原來的半導體製程概念與技術，又被運用到新興光電產品上，開拓新疆域。

## 高科技代工帶來樂觀

高科技產業占台灣經濟比率，逐年增加。高科技產業在社會上的能見度，也逐年提高。張忠謀、曹興誠、施振榮、林百里、郭台銘等人，躋身王永慶、張榮發、蔡萬霖等企業家行列中，成爲台灣家喻戶曉的名字。

幾年之間，台灣籠罩在高科技產業成功帶來的樂觀中。雖然二〇〇〇到二〇〇三年，高科技產業也曾經歷它們的低潮期，不過畢竟世界景氣復甦了，再加上新興面板、光電產業收益頂住了半導體業下滑帶來的損失，高科技業又欣欣向榮。

然而就像休旅車救了美國汽車業一樣，高科技代工，及其相關的產業榮景，一下子吸引了台灣人所有的經濟眼光，一波波的新公司跳上去變成「股王」，一夜成名，就算後來「股王」流落爲草寇也沒人眞的在乎、眞的擔心，反正總會有新的「股王」可以提供新的談論與投機炒作題材。高科技「新貴」的一舉一動，不只被詳細報導，而且還附加了英雄光環，供人崇拜、模仿。

高科技話題用這種方式遮天蓋地籠罩台灣經濟，結果不只是我們無法平心靜氣認眞明瞭高科技內部運作環節，更糟的是，我們就不再看得見台灣經濟整體改革的那個遠景圖像了。

## 第三節　「亞太營運中心」留下來的深刻教訓

「亞太營運中心」和高科技代工產業，在國家策略層面上，有很大的差異。「亞太營運中心」是政府提出的整體願景，高科技代工業是民間誤打誤撞闖出來的一條路。「亞太營運中心」是全面推進的陣地戰，高科技代工業卻是單點突破的游擊戰。

雖然張忠謀、曹興誠都出身工業研究院，雖然晶圓代工產業最早也是靠政府重點投資的，但政府從來沒有一套以高科技代工產業爲核心的大策略。事實上，高科技的成績來得如此之快如此之好，讓政府常常措手不及，只能跟在後面跑。

## 政府跟不上高科技的腳步

隨便舉個例子吧！新竹科學園區幾年內崛起成爲台灣經濟命脈，然而不論是一九九九年出現的斷電問題，或二〇〇三年出現的缺水問題，都清楚顯示了竹科設計與現實的高度落差。

其實還有另外一個問題，被政府與廠商與媒體組構的共犯，聯合硬生生壓抑下去了。那就是竹科造成的污染。炫惑於竹科的成功，震懾於竹科創造出來的驚人產值，政府與媒體都不願也不敢正對高科技的污染事實及其防制、解決所需付出的代價，於是大家能做的，是敷衍出一套「高科技低污染」的神話，讓原本已經具備不錯環保意識的台灣社會，一聽到「高科技」，馬上就自動鬆懈，完全不會聯想起污染問題。

再看「南科」。高科技業發展那麼快，不只是竹科不敷使用，而且也需要找到更廉價的土地，幫助新興業者節省初始資本，讓既有業者願意擴大規模。然而南科倉促開辦，竟然沒注意到高鐵通路會造成的震動影響，差一點「出師未捷身先死」。高鐵問題雖然解決了，可是還有別的問題沒解決。

南科不只提供廉價的土地，而且還給予進駐廠商租稅優惠。換句話說，是捐出國家資源、犧牲國家稅收，來支持高科技業者。這些業者賺到的錢，數字如此龐大，卻都不進入政府財稅系統中，進行重分配。不是完全不分配，落入老闆口袋裡，而是循兩種特殊方式，進行分配。一是配股票、紅利給員工，等於賦予員工超高消費能力，透過他們的消費，將這些錢釋放到市場上。第二種方式，是透過公開上市，讓一般人也可以用買股票的方式來分享利潤。

就算後面這種分配，依然和政府系統所進行的分配，大異其趣。進入政府系統的錢，會依「需要原則」分配出去，也就是說，越貧窮越有需要的人，越有機會獲得社會福利補助。然而這樣在政府社福系統下的人，幾乎不可能有任何多餘資產去做股票投資，也就實質被完全隔離在高科技業創造出的財富之外。

股票上市還衍發出許多問題。本來就依靠政府優惠而成立而賺錢的公司，又可以賣掉股份換取公眾資金，卻不必回饋給政府。許多高科技公司上市後，突然之間坐擁鉅額現金，於是相應就出現了一大堆金融投資「大白鯊」，專門迴游在這些新上市公司附近，伺機說服公司負責人將手頭現金，拿去做各種轉投資。結果是：除了少數像台積電這樣的企業以外，大多數高科技公司，除了本業以外，還有一大堆牽絲拉絆的轉投資事業，帳目複雜得不得了，這種狀況最容易藏污納垢，也最容易遇到招搖撞騙的伎倆。

「博達案」只露出了這塊黑暗冰山的一小角。誰都猜得到，底下一定還埋了更多地雷，可是，就連證交所和金管會，都不敢說知道地雷在哪裡。

透過上市、透過轉投資，高科技的經濟效應蔓延到台灣廣大經濟領域，然而這種蔓延是無計畫的，自然也就無從控制。

## 工作倫理遭到破壞

再看員工分紅制度吧。這本來是拉住優秀員工的重要手段，也是激勵員工士氣與公司共榮的好方法，可是幾年下來，高科技公司大幅抄襲濫用分紅制度，弄出了一大堆問題來。

一個問題是員工分紅損害股東權益；另一個問題是員工分紅造成公司財報不實；還有一個問題是造成課稅上困難；最後一個，但在我看來最嚴重的，是明白上演的不公平狀態，徹底破壞了台灣社會整體工作倫理。

員工分紅濫用，尤其是濫發股票，結果就是使得工作與酬勞分離。只要能擠進高科技公司，連打掃的歐巴桑也可以領十幾個月年終獎金，連總機小姐也可以分到股票，還有機會在尾牙宴抽到首獎，一次領到市值上千萬的股票。

這種情況，透過媒體大幅誇張報導後，誰還願意在其他產業部門，安分守己工作？這種不靠工作能力靠選擇行業的扭曲，近兩年變得愈發嚴重。人人都想進高科技公司，流風所及，再下來，人人都想進也是薪資偏高的金融業。

從上而下，造成人才大幅向少數行業集中，也造成人才專長的偏差扭曲。沒有誰有把握目前這種電腦相關產業會有幾年榮景，但目前社會上年輕人大家一窩蜂都在準備進這行，相對地，其他部門的人才當然就貧瘠稀薄了。尤其這種高科技產業的應用性很強，一窩蜂要鑽進這行領股票的人，不可能有什麼耐心打好基礎科學底子的。

台灣經濟最大危機，來自表面上看來最大的繁榮。高科技業的產值越來越大，長遠來看，或許會是越可怕的詛咒。

台灣經濟成長，越來越仰賴高科技產值，這是標準「將全部雞蛋放在同一籃中」的狀況。而且整個社會注意力朝高科技業傾斜，變得不只是今日所有的雞蛋全在一個籃子裡，就連明天、後天還沒生出來的蛋，都要賭在同一個籃子裡了。

## 最大繁榮可能是最大詛咒

高科技代工產業不是沒有其風險，更不是沒有競爭對手。和韓國比，我們沒有人家那種上中下游整合的產業結構呼應支持，我們也缺乏具全球知名度的自創品牌。和中國大陸相比，我們沒有人家廉價且供應充沛的勞動力，而且不管政府用再優惠的條件開發再多科學園區，我們的土地成本，甚至將來的運輸成本，不可能比中國大陸低廉。

中國大陸過去人才水準不夠，無法跨入腦力密集、技術密集的產業。然而最近這些年，他們學得很快，因爲願意學、也敢學。願意學，所以他們大學生的用功程度，遠高過台灣同輩。他們的留學生一批批進到美國一流學府，積極學習基礎科學。敢學，像蘇州市就擺明了要當「上海的新竹」，毫不掩飾地要把「新竹經驗」一五一十搬去複製。

在韓國和中國大陸夾擊下，台灣不見得一定會輸，然而難道就有把握一定會贏嗎？我們眞的應該孤注一擲，將所有籌碼投在高科技產業上嗎？

當年先是被兩岸緊張情勢給延宕擱置，後來索性被拋棄、遺忘了的「亞太營運中心」計畫，有一個最大好處，這個大策略觸及台灣所有產業，其核心是一組概念、一組價值，而不是一種產業。所以如果眞的實施起來，非但不會產生集中效果，還能達到分散的目標。

最理想的「亞太營運中心」計畫，就是鼓勵各行各業放寬眼界，用亞太爲範圍，來思考自己的服務與產品的意義。我們的媒體，應該想想自己在亞太環境中，該有什麼位置、可以有什麼位置？高科技業也應該想想，我的產品策略，放在亞太架構下，會發現什麼樣新的優勢嗎？我們如何利用與日本市場的關係？美國西岸市場？當然更要提前思考中國大陸市場的變化，擬定出合縱連橫的草案。那航運、傳統生產業就更不必說了。

「亞太營運中心」式的繁榮，是讓台灣更全面地與亞太區域連結得更緊密，而不是只靠一種智慧、一組產品和世界單向相接。「亞太營運中心」式的繁榮，也會是內部全面性雨露均霑的模式，不會造成資源與收入高度不均衡的分布。

可惜，「亞太營運中心」只起了個頭，連細密計畫都還來不及成熟，就被時代現實條件壓垮了。

## 第四節 「重回亞洲」並「越過美國」的經濟策略

被掩藏、被壓垮了的，還有台灣經濟結構本來應該進行的全面改革。停擺了的改革，包括調整我們的經濟面向，不能再老是只對著美國看。與美國經濟日益疏遠的時刻，台灣需要「回到亞洲」，同時「越過美國」。

### 東南亞與中美洲的經濟意義

李登輝時代，主張過「南進」，還曾基於外交戰略考量，組織過「中美洲經濟論壇」並積極參與「中美洲元首高峰會」。撇開排斥中國大陸的那份心機不看，這兩項今天也同樣被遺棄了的策略，其實不無道理。

「南進」就是要讓我們「重回亞洲」，打開眼睛認識東南亞近鄰。東南亞諸國，有的曾經與台灣並列「四小龍」，有的則從越戰、共黨獨裁惡夢中醒來，正在追趕工業建設的腳步。台灣的資金、更重要是台灣的開發經驗與管理技巧，在這裡是一定可以派上用場的。沒有理由，「西進」就一定不能「南進」，「南進」就一定取代「西進」，「西進」、「南進」，都是「回到亞洲」，找到穩固而廣闊的經濟、貿易基點。

別忘了，我們還有和東南亞國家間的特別連結，那就是大批在台灣工作的外勞外傭們。從政府到民間，已經超過十年理所當然地大量運用外傭外勞的「補充性」勞動力，卻都不曾下工夫接近這些外勞外傭。我們似乎單純將他們看作抽象的勞動力，而不是具體的人，從政府到民間，不曾付出努力去理解他們，更別說要親近他們了。用這種方式對待外勞外傭，他們的存在就變成是我們和菲律賓、印尼、泰國之間的緊張點，而不是助力不是溝通管道。

不是一直說要做「民間外交」嗎？外勞外傭帶著異國背景來到台灣，一待兩年三年，他們本來會是最好的「民間外交」渠道，也可以是我們進一步和東南亞諸國建立更緊密經濟關係的橋樑，不是嗎？可惜了，這方面本來可以做的改革，完全沒做。

拉攏中美洲，在外交上有道理，在經濟上也有道理的，我們僅有的二十多個邦交國，有很大比例集中在中美洲。中美洲諸國幅員小、人口少，而且夾在南北大國，如美國、墨西哥、巴西、阿根廷中間，很難發展自主、繁榮的經濟。「台灣經驗」，從農漁業到初級工業到貿易開拓，可以提供中美洲巨大的協助。從經濟面協助這些國家，好處多了。可以穩固邦交，可以取得經濟投資利益，還可以取得在美國後門擁有影響力的特殊地位。

這種事幹嘛不做？李登輝主政時期，開了個頭，陳水扁上任第一年還蕭規曹隨，去參加了一次「第三屆中美洲國家元首高峰會」，然而後來顯然缺乏足夠的經濟與外交策略眼光，竟然就坐視這條理路乾涸萎縮，又回到簡單、粗糙的「金援外交」上，惹來一堆負面新聞。

還有一樣被延遲、擱置了的改革，是在台灣內部創造一個眞正公平的交易環境，更具體地講，就是通過「反托辣斯法」，抑制大財團的過度膨脹。

台灣沒有公平交易環境，主要是政府太大所造成的。這部分狀況，在下一章會有詳細說明。這裡要提的是，八〇年代危機侵襲下，慌忙開始走「自由化」的道路，政府不只要放鬆管制，還要釋放過去壟斷的經濟特權。由於這些特權來自政府，要釋放也就引發了一波激烈的政商勢力大洗牌。

大洗牌過程中，出現了兩種模式。一種是政府私相授受，將大批經濟權益轉讓給私人企業，讓這些企業快速壯大，形成財團。九〇年代，劉泰英憑什麼呼風喚雨？憑他做國民黨大掌櫃，在「自由化」政策下，他可以決定將經濟權益交給誰。誰得到劉泰英的青睞，誰就得到大批利益，誰就有資格躍居台灣財團地位。

另外還有一種模式，如果政府要釋放的經濟權益，有太多勢力覬覦，實在擺不平，政府就選一個誰都不得罪的方式，人人有獎。開放民營商業銀行，是這個模式的代表。財政部的規定中，眞正有意義的只有一條——一百億資本額底限。換句話說，反正誰有本事去聚集到一百億的資本，我就發一張銀行執照給你，不必管搞一百億來的人有沒有足夠信用與專業能力，經營一家銀行。於是一下子台灣銀行如雨後春筍般林立，銀行分行比便利商店還多，連帶搞出一堆像中興銀行虧空八百億的紕漏。

## 「財團自由化」的惡果

兩種模式合起來，所謂「經濟自由化」，實在是「財團自由化」。政府放出來的利益，幾乎都由財團接收走了，而且政府對財團幾乎沒有給予任何限制，准其以最大的自由蠶食鯨吞、甚至扭曲市場。

而這一切，竟然還是以「建立市場機制」、「尊重市場機制」之名進行的。讓我們不禁想起羅蘭夫人的名言：「自由，多少惡假汝之名行！」台灣是：「經濟自由，多少財團之惡假汝名行之！」

市場力量最強大的美國，都有強悍的「反托辣斯法」。「反托辣斯法」在每家大公司後面虎視眈眈，曾經強迫AT&T拆開成好幾家中型公司，也差點要微軟將作業系統部門與其他部門分家。

然而台灣卻只有被拔掉爪牙，溫馴溫和的「公平交易法」。在「公平交易法」下成立的「公平交易會」，幾年來曾經站在一般民眾與公平市場立場，屠過什麼龍宰過什麼老虎嗎？沒有印象吧！唯一讓人有印象的，只有對「台灣微軟」採取的行動。不過那是跟在美國、歐盟後面，「公平會」才有勇氣對付已經在國際上成過街老鼠的微軟公司。台灣本身那麼多財團、那麼多壟斷、寡占行爲，「公平會」都看不到？是的，都看不到。

沒有「反托辣斯法」，沒有眞正能強迫財團使其行爲「負責」（accountable）的機制，台灣的經濟環境絕對不會健康。

高科技業的成就，只是暫時讓不健康的台灣經濟吃了「大力丸」，暫時不發病，可是病拖著，是不會好的。

嚴重的病癥，即使是「大力丸」也掩藏不住的，是台灣大企業高度不透明。財報灌水，使用會計手法挪動資產負債，乃至公然假造收入、掩藏虧損，在台灣是司空見慣的事。投資者對於自己投資的公司，其實根本不可能有充分資訊進行判斷，這樣的資本市場，想要不投機也難。大家都偷、大家都投機，英雄狗熊都搞不清楚，太多企業經營的成敗要靠運氣靠偶然因素以及靠浮誇表演，這叫眞正的企業家如何生存如何發展？

看看這幾年，台灣有多少個來得急去得快的事業集團？光是電信產業，最早進場光鮮亮麗、不可一世的企業家，就倒了幾個？還有頂著「經營之神」女婿頭銜，看起來像是一個個「經營天使」的，現在又怎麼了呢？

這本來就是將台灣帶到危機的大毛病，本早該痛定思痛決心必改才對的，結果多牽延了這麼些年，也就多浪費了台灣的經濟資源與經濟機會。

## 第五節 「國際化」、「公平化」以及「分散化」三大當務之急

未來十年，在經濟領域，台灣必須趕快補課補考。補國際化、公平化的大課，然後還要想辦法通過分散策略的大考，而這三者又是緊密相關的。

### 「台北一〇一」的教訓

受到兩岸情勢影響，台灣能吸引的外國投資，大不如前。剛剛落成的「台北一〇一」大樓，是個多麼鮮活的教訓。才不過七、八年前，設計規畫要蓋這棟大樓，敢要挑戰世界最高紀錄，著眼的就是地標型建築可以吸引跨國公司來設營運總部。想像中，所有想要進軍大陸的跨國企業，都會願意進駐「台北一〇一」，那麼再大的投資，都不怕無法回收。

現在呢：樓蓋好了，跨國企業的營運總部安在哉？「一〇一」出租率一直很低，炫麗的外表，恐怕得要包裹著許多空蕩蕩的樓層。

這些跨國企業去了哪裡？去了香港去了上海。去上海，因爲他們發現上海的中國政府，沒有想像中那麼可怕。去香港，因爲他們可以信任香港的國際化程度，提供在法律、商務上的方便。等到他們眞的在上海落腳了，他們發現：竟然上海國際化的腳步也超乎他們的想像。眞的去了香港，他們又發現：中國在香港的政治干預，也遠小於原本的預期。

那台北呢？台北就被冷落了。台灣是國際代工業的中心，可是別人不需要在代工業核心區設營運中心，只要一個採購辦公室就夠了。

除非我們能提供比香港更國際化、比上海更安全更公平的環境。我想不出來，除了讓跨國企業可以從台灣方便進出中國、日、韓、東南亞之外，我們能怎樣和上海、香港競爭。台灣的地理優勢，得要配合上眞正國際化軟體條件，人家才有道理來。

國際化包括政府的思考模式與行政流程。包括一般社會對於國際的認知。包括法律制度上提供不分國籍保障。也包括國民普遍的寬闊心胸與好奇視野。

這些都是經濟事務，這些都是全球化環境底下的經濟條件。我們已經浪費掉許多時間，落後一大段進度了，未來十年必須盡快趕上來。

未來十年一定會出現我們眼前的，是一波一波高科技產值下滑的考驗。高科技產品變化那麼快，競爭者那麼多，每隔幾年，新產品設定新規格新流程，就一定會帶來領先勢力的大洗牌。

台灣是在半導體大洗牌那次崛起的。半導體走下坡，光電崛起的新一波大洗牌，台灣還好站穩了。可是下一波呢、再下一波呢……

## 逆轉集中的態勢

別人跟我們一樣面臨競爭，接受考驗，然而別人都不像我們這樣依賴高科技搞出來的成績。中國大陸是世界工廠，高科技產業可以幫它帶來高附加價值，就算高科技產業沒成功，傳統產業的基礎還是穩若磐石。韓國呢？除了和台灣競爭的高科技代工業，它有台灣絕對無法競爭的全球頂尖家電產業，有全世界最大的造船產業，有艱苦緩步擴張的汽車業，還有新興的娛樂內容產業。

就算垮了一個，還有另一個。那我們呢？我們有什麼？從世界標準看，什麼都沒有。

在台灣，有什麼是世界一流，別人一定要尊敬的嗎？有什麼是有機會創造出獨特利基市場的嗎？有什麼是可以保有利基市場上領先地位的嗎？

世界一流的，勉強只能算林懷民的「雲門舞集」。一度曾經擁有利基市場領先優勢的，是華語流行音樂產銷。有機會開發新利基市場的，是成熟的華語紀錄片人才與經驗。

而這些，都不是科技。是藝術、是人文。

不想白白失掉這些機會，我們就得在未來十年逆轉經濟的集中態勢，走向分散，尤其走向以非科技的人文內容產製的多元化發展，善加利用中國大陸華語空間，才有辦法在高科技的空中飛人驚人特技表演下方，鋪上安全網，讓台灣經濟的未來更安全、更穩定。

第六章

# 用十年重組「正常」國家

## 第一節 「政府大民間小」的不正常狀態

將近十年前，我在民進黨中央黨部服務，擔任國際事務部主任。這個工作，需要經常接待來台的外國政要以及外國記者，向他們簡報民進黨的背景、歷史、現況，以及民進黨的信念、主張、政策。

簡報不可能有太長的時間，幾次歷練下來，我找到了一種幾分鐘內能夠組織所有簡報內容的架構。那就是用「國家正常化」來統納民進黨的過去、現在與未來，還有民進黨的現實與理想。

### 台灣不是個正常的國家

我記得自己是這樣講的：在國民黨威權統治下，台灣不是個正常的國家，民進黨的前身，黨外運動，就是爲了追求政治權力合理化與正常化而掀起的。民進黨不是個單純參與選舉競爭的一般政黨，而是帶有高度改革理想的政黨，取得權力、任何形式的權力，都為了要讓台灣變得正常。對外關係上，我們爭取台灣像其他任何國家一樣，擁有主權地位，可以參與國際活動。內政方面，我們最在乎台灣人民應該擁有一個正常的政府，所謂「正常的政府」，就是不只管理人民，還要照顧人民，因此長期被忽略的社會福利制度，讓民進黨格外關注。在文化上，民進黨承諾提供給民眾，正常的台灣文化發展空間，而非虛幻的大中國假象。

老實說，到現在我都還頗自豪這段簡報，能夠精確精準地定位了那個時代的民進黨。通常我接待的訪客也都很快就能進入狀況，明瞭做為一個反對黨，民進黨特別的身分與性格。

有時他們會問：你所謂的「正常化」是什麼意思？意指有哪個國家是你們要仿效的榜樣嗎？我的回答是：我沒辦法描述、沒有辦法定義什麼是「正常國家」，然而就像看到色情我們就知道那是色情一樣，我們對什麼是「不正常」有一定的認知，改掉「不正常」就是趨向「正常」，並不需要一個「正常」的模範，我們一樣可以一次次改掉一項項不應該不正常的情況，這就是「正常化」。

有一次做簡報，來訪的是《華爾街日報》亞洲區新聞主管，他曾經長駐香港，在香港、大陸跑了十幾年新聞。這位R先生，聽完我的簡報後，很感興趣地問了好多環繞著「國家正常化」的問題。差不多一個小時的會談結束時，R先生還誠懇地提出了他的建議。

他完全同意民進黨「國家正常化」的理念，然而依照他在香港與中國大陸所看到的，他認爲台灣最根本的不正常，也是我們應該優先入手矯正的，是「政府大民間小」的問題，是政府無所不在、民間卻虛弱不振的畸型狀況。

## 國家的手無所不在

R先生敏感地察覺了，台灣的國家結構根底，有一樣與中國大陸很接近的地方——那就是國家、政府的手，伸到每一個角落，國家、政府是惟一的組織者，民間是被組織的材料，沒有任何主動性。

R先生的話，震動了我內心中某條絃，不過基於職務上的立場，我還是不得不提出一點保留意見：可是台灣有強大、活躍的中小企業，台灣的經濟奇蹟其實並不是政府創造的……

沒想到R先生對台灣中小企業也有相當瞭解，他反問我：「可是台灣中小企業有自主的組織嗎？他們能夠主動地影響社會或影響政府嗎？還是他們只能在政府允許或政府沒看到的地方，單打獨鬥地做自己的生意、賺自己的錢呢？」

我完全明白R先生的意思了。他認爲像台灣這樣的國家，正常化要先從壯大民間、壯大民間組織、形成民間自主自律秩序做起，這部分先「正常化」了，其他就容易多了。

這番話，對我是極重要的啓悟。我想我懂了。只剩下一點不懂：「一個政黨適合提倡民間組織嗎？」R先生說：「反對黨當然可以。」

一直到今天，我都對R先生的誠懇賜教，心存感激。他讓我看到自己本來沒看到的重點，他更提供我一個可以進一步發展自我思考的起點。

認眞想過之後，我決定應該以「NGO外交」做爲我在國際事務部最重要的工作方針。NGO，就是非政府組織。一個正常的國家，政府不會管那麼多，許多事要由民間自主規範，於是就孕生了種種NGO。職業行會是一種NGO、救濟弱勢的團體是NGO、特定公益議題的集體提倡力量是NGO、不同階級族群利益保護者協會，也是NGO。

一個正常的國家，民間構成主要的部分，而不是政府。一個正常的國家，其身分其個性，基本上是看它有什麼樣的NGO與NGO活動來定義的。

## 國界不再神聖

NGO在未來，只會更重要。一個世界性的資本市場正在形成，電子技術的進步使得鉅額金錢都能在瞬間跨越國界移轉，跨國企業勢力越來越大，做生意的範圍越來越廣。還有，公開買賣的股票市場，使得這些跨國公司的「國籍」越來越難認定。

總的效果，就是國家國界不再像過去那麼神聖。資本、金融、企業、商務每天在不受特定政府監管的情況下，自由穿透國界，自主流動。

到目前爲止，人類的政治制度設計，仍然是以國家爲基本單位的。再強悍的獨裁者，只能在自己的國界裡行使權力，越過國界的獨裁者，像伊拉克的海珊、像塞爾維亞的米洛塞維奇，必定招來嚴重懲罰。民主，又何嘗不是只能在國界內運作呢？民主要選舉，選舉先得認定誰有選舉權，一國國民，是目前民主選舉權的最大母體。

這樣就產生了新的難處。當前世界上，許多最重要、影響眾人生活的事，是跨國界產生的。然而政治管理系統，卻還是被關在國界內。也就是說，很多重要的事，尤其牽涉資本、金融、企業、商務的，沒人管也沒人管得著。

顯然，要制衡橫衝直撞的全球資本與跨國體系不至於爲非作歹，將會需要跨國性的組織，這種組織，最好最有效的形式，應該就是由各個不同社會內部的NGO串連起來，凝聚強大的力量。

例如說，我們很難想像、很難要求各國政府聯合起來，想辦法對付跨國菸草公司。政府牽涉到太多分歧的利益與價值判斷，國與國之間合作程序尤其複雜，怎麼搞得來？可是如果是由各國的反菸公益團體，串連起來，那就不同了。這些團體有共同信念，也有類似經驗，很容易溝通，而且都是民間組織，不必觸及政策決定程序，要合作也不難。幾十個國家反菸團體一致行動，夠可以逼菸草公司注意到他們嗎？當然夠！

國際性NGO組織，會是新時代世界事務的新興仲裁者、介入者。既然如此，台灣一定要及早在這個領域趕緊努力啊！

國際NGO，明白標榜「非政府」，先就可以擋掉中共官方的抗議與騷擾。再者，正如R先生提醒的，中國也是「官方大民間小」，中國NGO的發展，比台灣更落後，比台灣更沒有條件，我們絕對有機會搶在他們前面，成爲國際NGO組織中的player。

惟一的問題是：台灣自己還沒有夠多的ＮＧＯ，沒有ＮＧＯ的文化與傳統。就算我們知道世界上雨後春筍般冒出的那麼多國際ＮＧＯ組織，和聯合國互動頻密的就有百來個，做為世界衛生組織（ＷＨＯ）外圍的，也有百來個，但台灣要找誰、找什麼團體去參與呢？

## 積極推展ＮＧＯ文化

我當時的構想：雖然民進黨國際事務部又小又窮，但我們畢竟具有台灣最大反對黨的身分，應該可以發揮一點作用，牽線邀請各種不同的國際ＮＧＯ議題組織，來台灣訪問，一方面讓他們認識台灣，另一方面也藉機引進ＮＧＯ構想與經驗，刺激、活化台灣本身ＮＧＯ的環境。

這是個遠比用錢買邦交國，年年闖關聯合國、世界衛生組織，更有意義、也更有勝算的外交戰場。這個戰場上，短時間中共闖不進來，就算進來，他們的ＮＧＯ也沒理由排擠同為民間性質的我方團體，而且在這塊戰場上攻下的城池，未來會越來越重要，越來越有力量。

可惜的是，民進黨內似乎沒什麼人對「NGO外交」有興趣，任憑我辛苦遊說，也似乎沒什麼人聽得懂。我印象中，對我所說的能瞭解、有反應的，一位是當時的外交部長章孝嚴，一位則是李登輝先生。當時他們都是執政者，絕對不適合插手NGO的事務，不過李先生曾很衝動地表示，他退下來之後，要去募一大筆錢，弄一個基金會，專心做NGO外交。令人遺憾，李先生NGO外交基金會的夢想，畢竟抵不過台灣獨立與台聯現實選舉的號召。

十年過去了，我們仍然陷在和中共打外交泥巴仗的情況裡，大可發揮的NGO外交路線上仍然一無進展。更麻煩的是，台灣自己內部民間組織的勢力，也遲遲沒有茁壯起來，民間與官方的不平等關係，照常存在。

## 第二節　政府權力頑抗不退

重組一個國家，對我而言，最重要的第一步，既不是宣布主權獨立，也不是國號國旗國歌，而是安排好政府與民間的比例分量，很簡單，政府必須再退，民間必須更自主。

目前台灣政府權力結構，來自兩項歷史背景——日據時代總督府，以及四九年之後國民黨帶來的法西斯主義概念。

## 總督府與法西斯的遺產

總督府是殖民體制的產物，其設計是以盡量擠榨殖民地資源、提供母國使用；以及開發殖民地為市場，傾銷母國初級工業成品為原則。日本人來到台灣，首先做「私法調查」，將原本台灣私人間的財產契約和勞動義務予以「公法化」。「公法化」過程中，遇有私法與公法無法完全銜接的，私法地位就不被承認，土地、財產和勞動力一股腦由總督府沒收。

接著又有「山林普查」。普查的用意就是逼台灣人提出山林所有的證明，除了極少數有證明的山林准由私人繼續持有外，其他在調查丈量後，也都屬總督府所有。日本殖民政府又打破了清朝時分隔「漢」「蕃」的「隘勇線」，「開山理蕃」，進入原住民區域，一方面宣示在台灣不准許有不受管轄的「化外之民」，另一方面也是將略奪資源的魔爪，伸得更長。沒有「開山理蕃」，日本人就不可能利用台灣蘊藏的豐富森林資源，台灣的紅檜等針葉巨木，也就不會遭到大量砍伐的噩運了。

殖民統治中後期，日本將台灣從殖民地改定位爲開發南洋、統治南洋的「次中心」。於是暫時中止了原本的殖民式經濟策略，在台灣投資工業建設，並鼓勵日本商社到台灣參與開發。

一九四五年戰爭結束，台灣歸還給中國，總督府時代結束，「長官公署」取而代之。長官公署「接收」台灣，用的是非常方便的原則。既有總督府架構不變，只改由中國大陸來的「接收人員」頂替原先日本人擔任的職務。原本總督府控制的財產，統統歸長官公署所有。原本日本人的產業，包括公司企業、廠房設備、土地房舍，也統統歸長官公署所有。這麼一來，長官公署成了比原先總督府擁有更多資產、具備更高壟斷支配性的政府了。

一九四九之後，政府壟斷政治權力與經濟財富的程度，不減反增。爲了防範「共匪第五縱隊」的滲透、破壞，國民政府必須要建立嚴格且嚴厲的全面監視系統；爲了提供隨政府來台百餘萬人基本生活，國民政府也必須緊抓所有的經濟資源，以及可以逼榨出生產力的經濟管道。

兩項條件彼此配合，造就了國民黨特殊的威權統治。一是日本殖民體制遺留下來，控制在政府手裡的大批財產；一是國民黨向德義法西斯及蘇聯極權主義學來的管控手段。兩者缺一不可。

幾十年間，政府是最大的地主、最主要的農業資源支配者、惟一的金融經營者同時身兼管控者、也是最大的企業主。幾十年間，透過各種手段、各種名目，黨與政府實質掌控所有組織，未向政府輸誠登記、接受轄制的組織，不管他們從事怎麼無害的活動，都被視爲叛亂犯罪的候選者。

這樣的社會、這樣的國家，背後還有一大套合理化如此高度集中安排的意識型態，藉由教育體制灌輸給國民們。

我們不難理解：民間團體很難在這種環境下存在，更別說民間社會了。

解嚴是個契機，也是個重要的起點，讓政府無所不在的手，開始從一些地方退走，也就一點點開闢出讓民間自主的可能性。

## 「民間無組織」嚇壞了許多人

剛剛解嚴那段期間，最熱門的字眼叫「台灣生命力」。的確，那幾年台灣簡直像個過動兒般，隨時在動隨時在鬧。台灣社會釋放了被約束太久的活力，活力表現的方式，是打破禁忌，試探自由的界限，不斷破壞不停衝擊。活力來自民間，沒錯，不過這種民間活力，卻沒有沉澱爲民間自主組織，再透過民間組織互動關係，形成民間社會。

可以說，那是一種獨特的「民間無組織」狀態。「民間無組織」創造出的過動騷亂，很不幸地，嚇壞了許多人。如果自由、自主就是這樣，那他們寧可選擇不要，他們寧可躲回舊威權的籠子裡去接受保護。

一九九四年台北市長選舉，具有高度象徵性。那場選舉，陳水扁讓人記得的是「快樂、希望」，對手趙少康則是「統統抓起來」。

「統統抓起來」直接反映了「亂中求治」的心態，也就是對「民間無組織」活力的大恐慌；要求「公權力」整頓秩序，也就是要求政府重回全面檢肅的角色上。

「快樂、希望」看起來和「統統抓起來」天差地別，不過「快樂、希望」打動的一樣也是被解嚴釋放的破壞、衝突弄得極度不安的小市民。更有意思的是，陳水扁當選之後，他的施政其實是「鐵腕型」的。不止以鐵腕對付市府員工，也以鐵腕對付電玩業者，以及用鐵腕整頓交通。鐵腕帶來的秩序，替陳水扁贏得了高施政滿意度，可是鐵腕給人留下的印象，卻也爲他招致了「鴨霸」的批評。

回顧這段往事，重大意義在：快速失去合法性與支持度的政府，看來要被迫大幅退縮，讓民間自由發展了，可是一開始就搶著登場的「民間無組織」，卻讓多數人對自主自由失去了信心，轉而要求政府不要撤手退出，要求政府繼續管。

十年來的變化大致是：超大臃腫的政府權力、政府財產，沒有大幅減肥，民間組織也沒有勇氣邁開腳步接手建立與維持秩序的任務。政府還在管、還管很多，大家都退而求其次，只希望政府管得合理些、管得有效率些、管得透明些。

不徹底的政府權力改革，讓台灣「非正常」的國家狀況，一直拖著，拖到現在。

## 第三節　政府必須積極、確實瘦身

民進黨取得中央執政權之後的所做所爲，更惡化了拖延的程度。

本來，民進黨是威權體制包山包海統治，最主要的批判者。從黨外運動開始，運用街頭與選舉兩條路線，就是要一步步逼國民黨放出權力與財產來。

這一路成就不少，足以當作里程碑的，就有：解嚴，解除報禁黨禁，老賊退位國會全面改選，取消「人二」監管，國民黨黨庫與國庫切割清楚，開放民營商業銀行等。

### 國民黨被迫交出權力與財產

看來反對黨要求開放、自由化的主張步步進逼，執政黨被迫一一交出權力與財產，證明國家權力合理化安排，自有其不可抵擋的威力。

如果二〇〇〇年國民黨不分裂，政黨沒有輪替，可以預見，這樣的趨向還會再延續下去。執政者在越來越大的反對黨壓力威脅中，爲了保有執政權，非得交出像樣的改革成績單不可，那些龐大的權力結構，已經成了國民黨的包袱，丟掉一個，向前走試圖領先反對黨的步伐就會輕盈一些。

然而事實並非如此，二〇〇〇年陳水扁以百分之三十九的選票，當上總統。據說開票當天，確認當選，陳水扁及其團隊，先是忙於準備當選感言定稿，等到終於上台向群眾表達感謝與分享勝利氣氛後，一下台，陳水扁轉頭憂心忡忡地問核心幕僚：「再下來，要怎麼辦？」

大概有兩件事，讓陳水扁憂心。一是他和他的團隊，選舉很行，但實在沒準備好該怎樣當總統。第二，他是個少數總統，擊敗的又是長期在台執政將近五十年的國民黨，他沒有把握國民黨會馴服地交出政權，也沒有把握自己可以順利執行總統權力。

陳水扁的憂心，充分反應在他的執政風格上。他保留了許多權位，拿來拉攏反對者。他更用職位上的巧妙平衡，來討好不同立場的人，鞏固自己的少數統治。

這段時期，陳水扁及民進黨不曾公開表示要改變釋放政府權力與財產的基本政策，他們還是強調「民間能做的政府不做、地方能做的中央不做」，然而口號歸口號，實際行動卻幾乎停滯了。

道理很清楚：政府權力、政府財產，是陳水扁賴以拉攏各方勢力，合縱連橫以期突破「少數困境」的利器。他要拉攏的對象多了。軍方、大財團、情治系統、李登輝系的國民黨本土派、在立法院可充作奧援的無黨籍立委們、非民進黨執政縣市的縣市長及其樁腳……別忘了，他還有迫切需要感謝酬庸的對象。獨派大老、黨內前輩同志、金主、競選幹部、黨團、民進黨籍縣市長及其樁腳……

他絕對需要眾多公共政治、經濟資源，來拉攏和酬庸。他不可能在這節骨眼眞正去削減政府權位及財產，給自己製造麻煩，引起周圍的不滿。

## 保留政府財產換取權力

原來是情勢所迫，不得已的妥協，過了一陣子，卻成了統治的箇中眞味。「權力使人腐化，絕對的權力絕對使人腐化」，艾克頓爵士的名言，講的就是權力帶來的滿足，會讓人捨不得，必然要用權力去換取更大的權力、更久的權力位置。不管原先取得權力的目的是什麼，救國救民、服務社會或促進改革，權力一旦到手，如果沒有充分的監督，那麼掌權者終究會將權力拿來用在追求自我自私目的上。

國民黨原本這套系統裡，就有很多不受監督的漏洞。政黨輪替之後，民進黨當然不會再積極去挖這些漏洞，而國民黨呢？大恐龍轉不過身，也轉不過腦袋，遲遲搞不清楚反對黨的角色該怎麼演，所以不可能學以前的民進黨要求嚴格監督。還有一大部分國民黨的人，認定自己只是一時失利，四年後，甚至更快（那時不是嚷嚷要發動罷免嗎？）就能奪回中央執政權，這樣思考，當然就不會要去找行政權力上的問題，免得自己回頭做執政者時蒙受損失。

在這樣的夾縫下，陳水扁承襲國民黨留下的舊體系，得以運用龐大的權力與資源。藉由分配這些權力與資源，陳水扁不只在黨內建構起前所未有的一元獨斷優勢，迫使各派系輸誠，也將不服這套一元決策方法的人，整肅出局；而且他還能接觸、開發過去民進黨怎麼也打不進去的，國家特許相關企業圈圈，讓這些企業家也都加入為他的樁腳。

情勢表現得很明白，越是有求於政府，企業榮枯與政府作為關係越密切的企業，過去跟國民黨越要好，政黨輪替後倒向民進黨的速度越快，動作越大。

陳水扁能不深切感受嗎？政府如果手上沒有了那麼多可供分配的特許特權，這些人會如此逆轉投誠嗎？民進黨過去看國民黨用特許特權操弄財團，看得又氣又恨，宣示一定要切斷這種政商連結的臍帶，可是等到換自己執政了，還捨得切、還切得下手嗎？

政府手上還有龐大的國營事業，運用起來就更靈活了。國營事業有的是位子，而且有的是錢。民進黨執政前，抱持的是國營事業民營化的堅定立場，執政後就變了。雖然還是安排了一波波國營事業釋股，然而其主要動機，毋寧是籌款濟助困窘的國家財政，不是眞的要把事業轉給民間經營。釋股目標：讓政府持股降低到百分之五十以下，達成名目上的「退出」，但實際上政府仍然穩穩占住最大股的地位，繼續享有充分的人事權與決策權。原本國營事業民營化的理想目標落空了——無法杜絕國營事業成爲政治人物退休、養老、暫棲的去處；無法防堵外行領導內行，專業經理人還是無法「出頭天」；無法提昇國營事業的效率。

民進黨執政期間，固然有鄭寶清轉任台鹽董事長創造的業務佳績，可是也有更多像台糖，連換幾任董事長沒有起色的例子。而且鄭寶清自己說：台鹽員工最怕的就是不知道他這個董事長什麼時候會離職。他也不敢承諾自己會在台鹽待多久、能待多久。他有可能被找去選立委、選縣長、或入閣當官；也有可能因爲府裡或院裡有人眼紅台鹽的成績，而把他鬥走。如果在一般民營企業裡，怎麼可能有成績顯赫的公司，董事長幹得如此朝不保夕的？

## 政府只能管適合管的事

政府這麼大、民間卻長不大，台灣不可能發揮充分潛力。政府的邏輯，和民間不同。管理大師彼得・杜拉克一針見血點出企業與政府最大差別：一家公司產品線如果能打下百分之十八的市場占有率，那是人人稱羨的了不起成就；可是任何政府部會如果只得到百分之十八的民眾支持，卻是可悲到應該跳樓以謝國人的恥辱。

政府必須討好太多人、必須顧到太多因素，所以注定不能專心、不能聚焦。不專心、不聚焦，這個也要管那個也要顧，怎麼會有效率？

我們都希望政府有效率，我們也都希望政府要體貼、照顧到我的需求，我們卻很少意識到：這兩種要求，經常是彼此矛盾，會衝突短路的。照顧每個人需要的政府，必定是個備多力分，無從發揮效率的政府。

這還只是從原理原則面看，落到現實執行面，那政府機構、官僚體系會有的毛病就更多了。疊床架屋，不斷增殖，是一個。防弊先於興利，層層規定綁死公務人員手腳，是一個。缺乏可行的績效獎懲動機，公務人員普遍習慣「多一事不如少一事」的態度，是一個。在日常反覆的程序中，公務人員容易與社會脈動脫節，又是一個……

政府是必要的，但政府應該只管適合它管的事，用適合它管的方式管。我們要思考：十年後，一個正確定位的政府該管什麼、該怎麼管，然後才能規畫出一條，讓今天臃腫過胖的政府，瘦身強身到理想體格的路線來。

## 第四節　十年內讓政府正常化的三大步驟

政府是國家資源的集中處與分配站，這個功能很難改變。政府還是公正秩序公平環境的維持者，這項功能也是必要的。政府也是國家集體前景的提出者、制定者，我們很難想像任何個人、企業或學校，能蒐集全面資料，權衡各方意見，去想像未來、規畫未來。

用這三項功能作基礎，我們會發現，要把這三件事做好，都跟效率沒什麼直接關係。

前面已經說明過，要政府的效率能跟民間相比，那是緣木求魚。政府的組織、運作，尤其是在民主條件下，本來就不是針對效率設計的。

## 一致性與透明化

政府應該集中做好幾件事：一、培養自己成爲具高度一致性的執法者。不管在治安上，或徵稅上，必須將「選擇性」降到最低，也就是盡量取消特權，「法律之前，人人平等」是不夠的，還要讓每個人自信明瞭：和政府打交道，不管張三李四，不管身分是董事長還是工友，會得到同樣的待遇。

二、政府應該訂定透明的資源分配機制，而要做到這項要求的前提，是政府自己必須退出資源執行者的角色，不當球員，專心幹個好裁判。

除了極少數重大民生工業之外，政府不宜經營事業，理由就在：一旦政府「球員兼裁判」，必然造成資源分配上的扭曲。要嘛明明效率較差的公營事業藉特權取得資源，那是資源的浪費；如果分配把關的單位公平處理，那麼公營事業的低效率就轉成公司虧損，帳，還是要由國民來承擔。

將執行面、事務面盡量移轉給民間，立即取得兩項好處：第一、政府不必再維持那麼龐大的規模；第二、政府所需人才重點，可以大幅簡化，有助於更明確的求才與訓練程序。

看看我們的高普考吧，有多少類別多少項目！公務人才領域分得那麼散，而且又和民間一般專業如此接近，要怎樣確保找到最適合擔任公務員的人才呢？

現有的一般概念中，可能會覺得這個問題很好笑，有人特別適合當公務員的嗎？不就是想求個鐵飯碗，或在民間競爭環境下混不開爬不高的人，才會去考試當公務員嗎？

不應該如此。政府行政部門，如果性格清楚了，應該要找對溝通、協調有熱情、有耐心的人；要找能在接觸不同人、服務不同人的互動中得到成就感的人；要找具備強烈正義感與公平意識的人。考試也就應該想辦法找出符合這些條件的人，讓他們出頭，而不是著重考那些平板的知識。

## 政務官必須是「思考者」、「說服者」

政府還得將提出國家願景，視爲頭號使命與重大責任。這是政務官層級特別該做的事。每個人都有本能看眼前的事，放大眼前的關懷，但政府高級官員絕對不能短視。他們擁有由國家公權力蒐羅齊全的現狀數據，他們也擁有連絡各方、聽取各方意見的管道，以及綜合各方立場的政治敏感度，當然比一般人更能夠預見未來國家的理想發展，也明瞭國家現實的結構限制。

政務官首先必須是個「思考者」，不思不考的人沒有資格當政務官。政務官其次要是個「說服者」。形成願景之後，他需要說服社會接受他的願景，凝聚一定的共識，願景才會產生引領方向、集中資源的作用。要說服，他自己先得對未來為什麼該這樣而不那樣，透澈明白；要說服，成功的政務官要有策略也要有耐心。

我相信，用這些原則行事的政府，會是對的政府，也會是能適應二十一世紀新環境的政府。政府管得少，民間自主秩序就會浮現；政府管得好，我們的民間企業與民間組織在「全球布局」時，就不會有後顧之憂。

從現在「這裡」，到十年後「那裡」，怎麼走？

第一步要走的，是徹底處理公營事業，不管政府持股比率多少，不管釋股進度快慢，都要確立將事業轉交專業經理人予以整頓，並自負盈虧的政策立場。政府選定適當經理人，監督處分財產、人員過程不違法不營私不舞弊，就算達成任務。公司的前途命運，是榮是虧，能擴張還是難逃倒閉，最後該由經理團隊及資本市場來決定，不該聽任政府首長或立法委員干預。

透明化及開放專業論壇檢驗，永遠是解決爭議與謠言的最好方式，應該也會是抵擋立法委員及其他行政干預的有利武器。

第二步該做的，是藉行政院組織再造機會，確實推動政府瘦身。目前卡在立法院的行政院組織法，老實說，妥協色彩太濃了。明顯是先從現狀出發，然後尋求一種盡量合理化組織，卻又同時盡量改動最少的辦法。這實在不是對的方式。

對的方式，是從理想面出發，訂定一個行政院最低限組織架構，眞切落實「民間能做的政府不做，地方能做的中央不做」的精神，並且灌注「中央政府服務化、溝通功能化」的理想，看看到底還有哪些服務與溝通功能，非中央政府處理不可。

理想瘦身的目標浮現了，才來考量現實限制。變動太劇烈會引起什麼後遺症？所以該如何緩和衝擊？民間機制起而接班需要時間，所以該訂定怎樣的日落日出條款來銜接？

這種程序得到的答案，絕對不一樣。組織法的終極目標，應該是中央政府與其他各級政府關係重新釐定，更是中央政府與社會互動模式的改革再造，不應該被窄化簡化成行政院內各部會職掌挪移調整而已。

## 整體大瘦身

行政院眞的動了、眞的瘦身了，監察院、考試院等機構就更沒道理抗拒同樣原則下的總體檢了。二〇〇五年，立法院拒絕審查總統提名的監察委員與監察院長，使得監察院徹底停擺，好幾個月下來，社會上沒有一點不方便的感覺，這樣我們還看不出來監察院眞正的功能意義嗎？只要將少數實際有影響的業務回歸三權分立的安排，監察、考試兩院當然可以「瘦」掉，也應該「瘦」掉了。

中央調整，下一波就是地方政府的檢討。不管要不要趁機進行國土規畫中的行政區調整，都該貫徹合理性原則，刪除不必要的、落伍過時的單位，只保留能夠因應新時代服務、溝通、有效分配所需的業務。

第三步該走的，是政府人員進用及訓練體系大改造；並鼓勵學術單位與民間基金會，組成獨立的政策智庫，讓這智庫成爲政務官人才的育成中心，也是政務官的思想靠山與異質刺激來源，保持政務官不至於封閉、僵化在自己的部會本位及日常流程裡。

這些，都是十年時間可以走出成績來的步驟，這些，都是讓政府變小民間變大的實際辦法。

## 第五節　將國家財政從失控懸崖邊拉回來

政府瘦身，還有一個非做不可的理由——刪減人事預算，是讓國家財政盡快恢復收支平衡最快最有效的方法。

誰都知道，台灣的公部門不能再這樣透支下去了。通常除了正在當財政部長的人之外，有過主管財政經濟政策經驗的人，都對台灣沉重的國家負債，憂心忡忡。辯護台灣目前財政狀況，是件近乎不可能的苦差事。因爲不只是經濟學課本上講得清清楚楚，嚴重預算赤字加嚴重累積債務，會製造怎樣的負面效果；美國和日本活生生的歷史經驗，更是清清楚楚，無從否認。

台灣已經在「財政失控」的懸崖邊了。年年預算赤字，新債堆在舊債上，更恐怖的，我們看不出有什麼機會、有什麼辦法，會在未來減輕債務。

搞到將近「財政失控」，眞的蠻誇張的。最誇張的部分在，這是椿「預知死亡紀事」，老早就看出會有問題會有危險，然而非但問題沒有解決，危險沒有避開，還用各種作法加劇問題與危險。

短視、只考慮自身利益的政客們，要負大部分，甚至是全部的責任，毫無疑義。

## 從保守到冒進的軌跡

台灣原本的財政設計，是傾向保守的。我們有預算法，有要求行政院明列財源的規定，也有國家舉債上限。不可思議地，但卻成了事實：保守的體系，反而成了讓政客可以在財政上胡作非爲的藉口。他們公開破壞法律、規定、上限，然後說：和別的國家相比，我們情況還好得很，你們以爲有問題，那是因爲原來的設計太保守了！

行政院與立法院狼狽爲奸，用「特別預算」來規避「預算法」。從「九二一」大地震救災重建特別預算以來，政府編列的特別預算越來越浮濫。到了將連續性工程的部分款項，都納入「重大工程建設」的特別預算裡。這些工程已經動工，如果特別預算沒過，要怎麼辦？

這些錢其實數字不是那麼大，而是行政院用來威脅、綁架立法院的工具，也可以說是「再怎麼野蠻」效應的延續與擴大。二〇〇一年立院選舉，很多人相信那支指責在野黨刪預算的廣告，讓國民黨重挫。從中嘗到甜頭，執政黨動不動就把地方建設經費綁進來，擺出一副「刪了這條還要不要回選區？」的姿態，挑戰在野黨的立法委員。

這些委員們，還不敢不吃這套。不只不敢刪，還想索性「以其人之道反治其人」，乾脆提出花更多錢的版本，討好地方討好選民。

於是，不只是預算法精神蕩然無存，還出現了憲政上的大走調。應該幫民眾看緊荷包的立法院，竟然跟行政院比賽誰比較會花錢！

歲出預算結結實實總要花掉，歲入預算則常常編得虛無縹渺，編出一大堆「幽靈預算」來。從個人及營業所得稅，到關稅、證所稅收入，一概高估。而且還要加列公營事業釋股、國有財產拍賣的錢，問題是，這些股票這些土地有人會要用這種價錢買嗎？不誇張浮編收入，就編不出符合預算法要求的平衡預算。可是這種預算，只是表面敷衍，哪裡眞的遵守預算法規定了？

歲出歲入短缺，眞正可靠的塡補法，說穿了只有「舉債」。破壞預算法，浮編、虛編收入，就是要造成「生米煮成熟飯」的效果。到時候錢花都花了，收入不夠，不給舉債要怎麼辦？有「舉債上限」？沒關係，反正可以找立法院商量，巧立名目繞個彎，不用「舉債」之名，而行「舉債」之實就可以了！

總體經濟上的赤字預算有兩種理由：一是遇到了臨時的景氣衝擊，在正常制度下，政府收入減少，爲了避免造成緊縮的惡性循環，所以依然照原先支出規模編預算，以待來年情況改善。另一種情況是國家私部門消費不足，爲了保持整體經濟系統不致萎縮，刺激經濟活動，提高貨幣乘數，政府公部門必須擴大開支。不過前提是，這種開支應該花在投資性項目上，以求換得的利益，可以抵過原本負債，政府將來才能償債。

## 走樣的赤字預算

基本道理，一到台灣政客手裡，就走樣了。翻翻前幾年新聞吧，財政部一再表示，稅收一時短缺，是不景氣造成的，景氣復甦就能解決問題。然而到二〇〇五年，台灣經濟景氣已經從最糟的負成長，回升到百分之四左右的年成長率，可是我們的財政狀況有改善嗎？

關鍵眞的不在現在一共欠了多少錢，最嚴重的也不是全台國民平均每人要負擔幾十萬的國家債務，而是政客全然視體制爲無物，只求立即選票效果的心態與作法。這個根本漏洞不堵住，台灣經濟再好，國家還是還不了積欠的債務。

欠債，一定有利息，債欠得越多，利息負擔就越重。於是每年政府預算中，用在償還舊債本利的比例，一定會越來越高。還債用掉的錢，一定得從某個地方擠榨省出來。有些開支無論如何不能省，例如人事費用，因而排擠作用下就讓政府能做的事越來越少。

財政問題一再惡化，從來沒有長遠國家考量的政客，卻還在提各式各樣「減稅方案」，討好特定利益團體；也還在給軍公教人員加薪，確保他們選票不流失。趨勢發展下去，政府收入扣除掉付出的薪水和用來還債的部分，就沒剩什麼了。於是那些政府公務員領完了薪水，也就沒事可做了。有比這個更荒謬的事嗎？

總該阻止如此荒謬的情況出現吧！非做不可、立即要做的，就是短期間有效禁制政客們繼續犧牲國家前途、換取自身權力的作法；中長期則是要將國家財政的底線決策權，從政客手中拿走。

短期內，應該制定「財政紀律法」。「紀律法」其實就是重申原本預算法精神，並且明文禁止一些規避預算法限制的「偷吃步」。「財政紀律法」還應明訂違法罰則，讓行政、立法部門政客，如果再像過去那樣公然違法，應該受到司法調查與制裁。而且，違反「財政紀律法」的任何預算項目，就算經立法院通過，也應由司法單位予以「沒收」。

其次，下次總統大選與立法院選舉，選民有權利，事實上也有義務，逼迫參選政黨，提交「國家財政白皮書」。「白皮書」的核心問題，當然是：「要花多少時間、用什麼方法、遵循什麼步驟，償還累積債務，重新給我們健康的國家財政？」「白皮書」要白紙黑字，不能胡扯唬弄，要交給專業論壇審核。胡扯唬弄的，就應該退稿重修，膽敢不提的，選票就不給他們。

## 阻止政客操弄國家財政

這聽起來像是「淡紫聯盟」試過要做，卻沒有做到的。沒錯，形成這種壓力沒那麼容易，需要時間、需要專業團體持續提倡，需要說服媒體參與灌輸危機意識，需要運動串連壯大聲勢。很難做卻還是要做，因爲這是阻止政客操弄國家財政的惟一方法。

一九八九年柏林圍牆倒塌、冷戰結束；一九九〇年美國第一次出兵攻打伊拉克，用「超現實」的輕微傷亡代價，贏得大勝。這兩樁對美國而言，劃時代的成就，都是在老布希當總統時發生的。可是這樣一位「帶領美國創造歷史」的總統，競選連任時卻輸給了來自南方小州，從來沒有任何國際外交經驗，還曾是越戰逃兵的年輕人。

爲什麼？「笨蛋，問題在經濟！」我們甚至可以更精確地說：「笨蛋，問題在赤字與負債造成的經濟蕭條！」當老布希夸夸大言其外交、軍事、甚至歷史成就時，柯林頓則花力氣集中向選民溝通：爲什麼這個國家欠這麼多錢？有錢買公債的人坐在家裡，政府就會把利息送上門來，沒錢買公債的人，卻要繳稅去付公債利息？教育沒有錢、社會安全系統沒有錢、醫療保險更沒有錢，那要政府幹嘛？經濟狀況那麼差，失業、通膨等痛苦那麼嚴重，政府能幹嘛？對不起，不能做什麼，因爲沒有錢。

選民聽到了。他們隨著柯林頓一起算這筆帳，算到雷根的「供給面經濟學」，算到老布希爲富人投資所得減稅的措施，他們還會願意再讓共和黨執政一次嗎？

類似的爭議，最有可能在二〇〇八年的台灣大選爆發。最遲到那個時候，我們要一個清楚的承諾，我們也要韌性堅持地監督當選的人，按部就班做到他所承諾的，這樣我們才有希望在十年來到前，讓國家財政兩腳站穩。

## 第六節　以多元「差異」解決城鄉「差距」

十年內重組好「正常」國家，還有一個環節是解決城鄉差距與南北差距。

淡水河、大安溪、濁水溪，這幾條河流常常被用來界劃台灣目前的政黨勢力分布。這種說法，讓我們想起十五、十六世紀，西方人剛抵達東方，所見到的台灣，所畫出的台灣古地圖。

台灣常常被畫成三個島。廣闊的河口誤導了沒有實際上岸勘察的遠洋探險家，讓他們以為那是海灣。在台灣開發的歷史上，由中央山脈湍急奔流向海的河川，一直造成嚴重的阻隔效果。讀郁永河的《裨海紀遊》，我們還能想像早歲渡河是件多麼艱辛、危險的事。

被河川隔開的地理，也就創造了分離的人群意識。北中南各地都有人居住，可是這些人要形成一種集合的「台灣人」意識，卻是很晚的事。十九世紀之前，有些人的主要認同是原鄉地望，漳州人或泉州人。有些人待久了開始認自己落腳的地方，府城人或鹿港人。然而漳州人不覺得該和泉州人一起當「台灣人」，府城人也不覺得跟鹿港人一起被稱爲「台灣人」有什麼意義。

「台灣人」意識的突破，其實晚至日治時代才出現。一方面是對應於統治的「日本人」，所有被統治的、受次等公民待遇的，就都成了「台灣人」。和「日本人」對比，只有那集體差異地位的「台灣人」是有意義的，漳州人泉州人府城人鹿港人，都失去了意義。

另一方面，日本殖民政府在台灣蓋了縱貫鐵路，第一次有效地克服河川河口的阻礙，連絡起整個西部平原，搭火車可以從基隆一直走到屏東，不再是破碎切割的地理，給了各地的人共同的台灣印象。

將近一百年後，縱貫鐵路旁，除了多加兩條高速公路之外，即將多加一條高速鐵路。我們可以停留在陸地上，看著扎實、連續的風景，在九十分鐘內從台北飛奔到高雄，別說河川，就連幾百公里的實際距離都不再是阻礙了。

可是交通系統的便利，將有助於整合台灣各個區域，還是惡化分離疏離的情況呢？

## 「高鐵效應」會是什麼？

即將通車的高鐵是兩面刃，既可以帶人快速到達，也能帶人快速離開。全台灣構成「一日生活圈」，也就意謂著，從台北到高雄，沒有別的需求別的理由的話，我們都能當天往返回到自己家中。九十分鐘就到高雄的台北人，也就九十分鐘可以回到台北。

我們會利用高鐵快快去，還是利用高鐵快快離開快快回，取決於有沒有「別的理由」——讓我們覺得要停留在不同縣市、接觸不同人群的理由。

照道理台灣不應該有城鄉差距。工業化過程中，大批人離鄉背井來到台北，台北的人口增殖，靠的就是中南部移入的勞動力。這些人又在家庭紐帶牽拉下，經常返鄉探視親人，要不然過年過節也不會大塞車了。

有這樣的基礎，卻還搞到差距問題嚴重，首要原因，在於台北得天獨厚的政經資源地位。台北市是中央政府所在地，是院轄市，歷來得到最多最集中的建設經費。就連和台北只隔一條淡水河的台北縣，都無法和台北市在建設上平起平坐。

大企業總公司幾乎都在台北；重要的大學院校幾乎都在台北；所有的報社電視台和

出版社統統都在台北。台北提供最多就業機會，也就提供了最多的事業發展可能性，進一步，台北提供了最方便的現代消費生活環境，最方便的國際資訊管道。所有新鮮事務，總是先在台北發生、流行，然後再傳到其他各地去。

以追逐新鮮事物與流行風潮爲業的傳播媒體，不以台北爲中心，能去哪裡？集中狀況帶來更進一步的集中傾向。消費活動在台北、主要流行動力在台北，那麼廣告事業的活動，當然也就沒理由要到台北以外的地區去。媒體遵循集中效率原則，將人力都布署在台北，報導出來的，也就幾乎都是台北現象了。

台北無所不在，住在台北的人不覺有什麼奇怪，習慣活在「全台北」的環境裡，也就不太能意識到台北以外，別的地方別的人的存在了。

台北以外的人，感受就大不相同了。他們不想知道那麼多台北的事都沒辦法。台北過飽和地擠滿他們的生活，帶著優越感與強迫性。幾十年下來，誰能不反感呢？

台灣的城鄉差距，一大部分是台北與其他區域間的差距。台北像個大黑洞，把一切資源與人才不斷吞噬進去，有進無出。台北又像個大鏡子，二十四小時持續映照著自己的影像，除了自己以外，看不到別的、也顯示不出別的。

## 台北不等於台灣

台北不等於台灣，然而活在台北的人，沒什麼機會體會到這種「不等於」。台北的生活與文化習慣，快速改造任何從外地來到台北的人，讓他們內化相信：台北這一套才是好的才是對的。儘管他們常常有機會回到故鄉，但經過台北洗禮之後，他們帶著「台北標準」評量故鄉，感覺故鄉一無是處。

台北獨大、台北中心，幾十年來沒有改變、無法改變。其效應，甚至改造、抹殺了台灣各地原有的特色。太多人汲取台北經驗，用台北標準改造自己的故鄉，就把各地都搞成一個個東施效顰的「次等台北」。

從北到南，由西到東，台灣的城鎮，每一個都如此類似。類似到任何陌生小鎮都難不倒初次抵達的旅客。找到火車站或公路站，前面一定有一條中正路或中山路。這條主要街道上會有一排掛滿招牌的販厝，其中一定有一家 7-Eleven 、一家機車行、幾家飲食店和電玩店。不會迷路的城鎮，也就不會帶來什麼驚訝。規格化的程度到連每個城鎮賣的都是池上便當、福隆便當、排骨飯、雞腿飯和牛肉麵。

藏在如此一致外表底下，是對台北的羨慕嫉妒構成的陌生與不滿。因爲沒有自己的特色、沒有自己的驕傲之處可以拿來抗拒台北，讓抑鬱的不滿更不滿。

城鄉差距既然主要是資源差距，要解決也只能從資源均等分布來解決。過去幾年內，民進黨政府曾經試過幾種讓「資源下放」的方式，其中有失敗的、也有成功的。「資源下放」不能用各縣市廣設「科學園區」、「科學工業區」來解決。爲了討好各縣市，一度幾乎每個縣市都有工業區、加工出口區的規畫。而且還都有很炫的名目。

光是跟熱門流行「生物科技」相關的：台北有「都會區生物技術實驗室基地」，新竹有「生物醫學園區」、「生物技術產業生產基地」，南部有「農業生技園區」，連東部花蓮都可以分到「示範性生物技術育成中心」。

現實地想想：技術研究控制在北部、生產中心也在北部，東部本身沒有能力開發新技術、也沒有特殊的商業化優勢，把「育成中心」設在那裡幹嘛？什麼樣的科技什麼樣的公司會選擇去花蓮「育成」？

事實證明，這種空中樓閣，最後只是畫了大餅而已，不，是畫了一堆荒廢的空地，上面插著冠冕堂皇的招牌罷了。

解決城鄉差距，也不能靠讓每個縣市都有國立大學，造成假平等。純粹爲了選舉宣傳需要，二〇〇四年大選前，趕著讓每個縣市都要有國立大學，教育部不惜破例「輔導」讓幾所學校快速三級跳升級。工專一下子跳成技術學院，馬上又跳成科技大學。師專變師範學院，馬上又變師範大學。倉促升級過程中，學校教育品質怎麼可能隨著三級跳呢？實質效果只是讓「國立大學」招牌嚴重貶值，讓未來「國立大學」畢業生，得不到社會與職場上的尊重。

解決城鄉差距，不能靠象徵性地把台北有的東西，「分」給其他縣市。台北有歷史博物館，就也給台南一個台灣歷史博物館。台北有故宮博物院，所以雲林分到一個故宮分院。平常在台北辦的國宴、國慶煙火、燈節，分到其他縣市輪流辦，這些都只是象徵性的、宣示性的。

## 建立各地特色

眞正要解決城鄉差距，非得從建立各地特色不可。以「差異」解決「差距」。不管從國家發展或政府資源的現實角度，都不可能讓所有縣市全變成台北。這種平等，雖然符合現在「無特色」的習慣，卻絕對做不到的。

應該做，可以做的，是鼓勵每個縣市、甚至每個鄉鎮，自信地做自己，和台北拉開生活、文化上的差異性，清楚明白自己的魅力所在，非但不用羨慕台北，還可以吸引各地的人來感受，當然也就同時來消費。

南庄、北埔、新埔、關西、美濃……這些鄉鎮在週休二日後，成了熱門去處。理由無他，客家莊保留了最多傳統文化，可以提供難得的異類經驗，才有辦法吸引人。

同樣在彰化，「花卉博覽會」第一年辦得人山人海，第二年就門可羅雀；相較之下，田尾永靖的「公路花園」，卻年年吸引越來越多人。「花卉博覽會」是典型的短線操作，去到會場看到花看到人，經驗的是人工創造出來的一時熱鬧。這種熱鬧，彰化會辦，別人也會辦；在彰化看的花和活動，沒道理別的地方就看不到。「公路花園」卻是讓遊客深入一種特殊的園藝生活裡，看到感受到以園藝為生的人所創造出來的環境。環境花了十年二十年才形成，隨著時間又會有緩慢的變化，構成其迷人之處。

「一鄉一特色」，是對的方向。只是那特色必須眞正植入在鄉人的生活中，不能光有一時的熱鬧。元宵節放天燈，那只能替平溪帶來一時熱鬧，但將天燈活動結合平溪存留的煤礦遺跡，和「金九」地帶的金礦舊業結合，那就能擴張而為懷舊的文化了。再如何使懷舊文化，能與現實生活有機互動，是最難但卻不可迴避的挑戰。

總的目標，是活化台灣原有的多元社會記憶，不再讓「現代」與「台北」成為惟一衡量的標準。真正該給予資源與協助的，是各縣市這方面的建設努力。中央政府應該從教育政策上，引導大量培育這方面的人才。讓講求台灣史地的「本土化」真正落實，使學子們真切認識到台灣過去，從海洋海盜時代、到西班牙荷蘭時代、到明鄭時代清治時代，再到日據時代，這麼多變化這麼多故事。這些史地知識必須是多元的、必須是活的，然後才有辦法在這之上，深刻專注地訓練一批年輕人，以挖掘隱藏台灣特色、建構其與城鎮生活關係為其職業、為其職志。

## 特色才有特產

還是十年為期，希望進入台灣的鄉鎮，我們不必再老是走在中山路中正路上，看到永遠一樣的便利店與便當店，怎麼也分不清這鎮和那鄉有什麼不同。十年後，每個鎮每個鄉都在對我們招手，值得我們去流連、去體會。我們會在走過每鄉每鎮時，真切感覺到台灣之大。不是面積上的大，而是生活內容上的大，到處都有我們還來不及認識的文化、歷史與生活祕密。

鄉鎮、縣市有了特色，也就能安排特色產業。特色不是只爲了吸引觀光資源，特色產業也絕不僅止於賣地方特產。有特色，才能用產業規模來追求完美。花卉之鄉的大學，可以在植物分類、遺傳研究上扎根，也必然能夠開發花粉、植物纖維相關生物技術。靠海以養殖爲生的縣分，其大學主力就不應該是電腦或英國文學，而是海洋生物試驗與研究。各地有各地的學問專長，有與其學問專長密切相關的產業，自然就不必怕人口外流、結構老化了。

到那個時候，也就不必羨慕台北，也就不必朝台北投奔了。台北，是政治集中處，是大財團集中處，這或許就是台北的特色。不妨到台北，去立法院看看、體驗體驗什麼是政治專業生活；不妨到「一〇一台北金融中心」感受一下資本主義浮誇的風格，就像去其他地方，感受其他經驗一樣，不多也不少。

城鄉差距、南北差異，打散爲並存且互相好奇互相尊重的多元差異，那就不會有衝突、不會有叫罵了。待在家裡，心底常常會有騷動，覺得：台灣這麼多地方這麼多特色，還沒體驗過！於是我們急著走出去，急著讓高速鐵路帶我們越過距離，留下足夠時間可以徜徉在異地特色中。

這樣的國家，是不是會比今天看到的聽到感受到的，「正常」許多呢？

# 終章

# 二〇一五年一月一日（另一種版本）

二〇一五年一月一日，重大的文化新聞：最新一期的《仙人掌》雜誌，總銷售量，首度超越《壹週刊》，正式成爲全台灣最暢銷的雜誌。

創下銷售紀錄的這期《仙人掌》，封面專題是「海洋：十種人類意義」，專題中羅列了從神學、生態學、航海技術、地理製圖、演化生物學、國際政治、大氣科學、帝國主義、倫理學與文學等十種不同角度，人類如何接觸海洋，創造意義。

這個專題呼應著在今天正式從委員會升格爲部的「海洋部」運作。過去幾年內，在「海洋委員會」的努力下，台灣從對海洋陌生，只知捕獵掠奪的國家，脫胎換骨成爲研究海洋環保的先鋒，向世界大量輸出海洋環保知識。

目前，關於沙岸海洋環境研究，國立雲林大學全球排名第三；至於岩岸海洋環境研究，也有宜蘭大學排名全球第五，每年都吸引了很多外國留學生。

《仙人掌》雜誌最早創刊於七〇年代，曇花一現辦了三期就停刊，然後在二〇〇六年中復刊，幾位當代台灣重量級知識分子，有感於社會的淺薄化、庸俗化，決定以《仙人掌》建構起一個公共知識論壇。他們的主張，獲得企業界熱烈迴響，得以順利出刊。前面三年是月刊，後來改爲週刊。《仙人掌》最大的特色，在於培養了一批能夠深入台灣各個角落，耐心蹲點，發掘問題、找尋答案的年輕寫手。他們一期期寫出了精采的報導長文，讓讀者眞正認識到了台灣和世界。因爲其中的風格、精神，與原本流行的新聞作風，大不相同，吸引了許多受夠新聞虐待的讀者，大力支持《仙人掌》。

## 歷史性的「一個中國」

另外一條重要消息是中國國家主席在開年記者會上明白表示：一個中國，指的是中華人民共和國和中華民國，有著同樣的歷史傳承背景。一個中國雖然隨時間演化成了兩個政治實體，卻不能以後來的結果，否定歷史性的「一個中國」。他相信，這「一個中國」原則，兩岸都可以接受，也都不可能違背。

中國國家主席還在記者會上表示：二〇一五年中台關係將更趨親密。中國去年一年的文化產業總產値中，有百分之三十一，來自台灣的貢獻。尤其以流行音樂、紀錄片和翻譯書籍爲最大宗。爲了表示開明，國家主席還哼了一段流行歌曲，說：「沒有台灣，我們哪有這種歌可以聽呢？」

中國今年將通過「各省省長直選辦法」，在立法之前，也將派一支層級甚高的代表團，到台灣吸取台灣的選舉經驗與建議。

有記者問：「省長選舉要去問台灣，是不是意謂還是將台灣定位爲一個省？」中國國家主席幽默地說：「你這個問題，慢了五年。中國與台灣，是『一個中國』底下的兩個政治實體，五年來這一直是黨的路線黨的主張，沒有什麼省不省的問題。」

開年後第一個交易日，台北股市小紅作收。顯然受到中國國家主席記者會談話鼓舞，中國概念股表現強勁。另外一組普遍上揚的是中美洲概念股。最近「中美洲與台灣經濟聯合論壇」針對小型國家貨幣政策做了集中討論，央行總裁親自率領一支研究團前往，會中做出除了原有「中美洲＋台灣」的自由貿易協定外，將在台灣協助下，建構起各國貨幣連動互保機制，消息傳來，刺激了中美洲概念股已經連續三週走高。

## 科技商品化的獨門生意

稍微受挫的，是台灣高科技最前鋒的創價股。這些公司承接了世界各地頂尖實驗室的最先進的科學技術，試圖予以商品化。幫人家尋求商品化可能的服務，過去三、四年內，幾乎是台灣的獨門生意，去年最多曾創造出將近四千億的產值。幾乎每一種主要國際廠牌的主力產品，都有台灣商品化創意參與其間。

台灣的服務，使得其他工業研發大國，可以專心致力於基礎科學上的突破，大有助於全球技術革新。不過台灣這方面的表現，引人眼紅，香港與韓國集中力量快速趕上。這兩地的競爭效應，是使這組創價股最近趨於疲軟的主因。

自從去年十二月地方首長選舉之後，不曾公開露面的台灣總統，也召開了中外記者會。他再度表示：地方首長選舉，執政黨在北高兩市雙雙落敗，總共只當選了九位縣市長，是嚴重的打擊，卻也是讓執政黨檢討反省的好機會。

經過半個多月與幕僚及重要智庫密集會商，總統正式提出了未來兩年任期詳密的施政計畫。排在首位的重點政策，是由教育部與文化部聯合提出的。目前台灣中小學教育提供的課程多元性不足，學生花在「主修課程」上的時間仍然太多，中小學教育不夠多元化，就限制了高等教育因應世界與產業變化，在人才培育上的調適能力。例如，最近幾年內，台灣已經是全球的「紀錄片王國」，幾乎每部國際上重要的紀錄片，都有台灣人才的參與，因應這種變化，高教司想要重點推動「紀錄攝影」、「人文現實寫作」、「高等錄音」等專業人才培育，卻發現普遍台灣中學畢業生對於畫面構圖與聲音組構缺乏基礎。因此，將透過部會協調，運用文化部力量，幫忙培植各種不同學科專業人才，普遍進駐全台中小學。

總統強調：這次選舉中「變天」的縣市，幾乎都是教育改革成效不彰的縣市。「我們聽到人民的批判了。」學生書包越重、考試越多、課程越單調的，勢必越難適應多元化的高等教育與職場趨勢，家長們是敏感的，他們的憂心與不滿，直接反映在選票上。

排名第二的重點政策，是由外交部執行的，預計要在未來兩年內，協助國內兩百個NGO組織，參與國際活動。總統強調，外交部提供的是服務，絕不可能干預NGO的實質活動。台灣的NGO逐漸在國際上受到重視，也大大提昇了台灣社會國際化的程度，未來兩年，台灣各外館會盡力協助NGO到世界各地發揮更大影響力。

## 政黨路線說清楚講明白

記者會最後，總統重申：執政黨是一個照顧勞工、照顧社會底層人民的政黨，教育是台灣最重要的社會流動管道，執政黨一定會致力讓每個家庭的每個子弟，都能透過教育改善生活實踐理想，不像其他走菁英主義路線的政黨，老是想把教育搞成少數人專利，教些普羅大眾學不來的高深科目。

總統最後這段話，顯然是對反對黨教育政策的諷刺。隨後，反對黨立院黨團總召出面反駁，他說：總統不該惡意曲解反對黨政策。反對黨要的是教育品質，讓不管什麼家庭什麼出身的年輕人，都能夠先受過充分的人文基礎教育，才進行職業分化。教育的目標是菁英的，但教育的機會卻絕對開放，絕不可能是「少數人專利」。他又舉最近在國際上替台灣帶來最大曝光機會的四大現代舞團爲例：「這四支一流舞團，被各國頂尖藝術中心搶著邀請，講起現代舞，人家就想起台灣，這種成就怎麼來的？還不是靠當年林懷民的堅持，『雲門舞集』幾十年的堅持，訓練出一代代最菁英的舞者，散枝開花，試問：如果不菁英、如果達不到菁英成就，大家都隨便高興跳就跳，不必講究美與美學，也不講究深奧的舞蹈語彙，那就算全民都會跳二流的舞蹈，難道有意義嗎？」

根據統計，二〇一四年一年內，台灣現代舞團在國際主要場地演出總場次，達到四百七十一場，平均一天將近一場半，吸引了超過六十萬觀眾觀賞。

其他重要的國家統計資料：

預計二〇一五年國家生產毛額可以有百分之五點一的成長；國民平均所得到達兩萬兩千美元。

二〇一四年台灣工作機會，微增百分之零點四，不過屬於六十歲以上老年就業機會，卻成長了百分之二點八，提供最多這方面工作的部門，包括了商品化創意團隊、工廠自動化流程管控看守、以及人文學科研究與教學。這份數字顯示：雖然年輕人勞動力供給減少，可是因爲成功輔導老年人轉型留守工作崗位，已經成功阻擋了台灣勞動力市場萎縮的危機。

二〇一二年「新移民法」實施以來，三年內已經有五萬一千人，順利取得中華民國的暫時或永久居留身分。其中大約一半歸化者，原籍中國大陸，百分之十八原籍菲律賓，百分之十三原籍印尼，百分之七及百分之六，分別來自泰國及馬來西來。台灣派在東南亞國協擔任觀察員的代表團副團長阿宗尼，就是前年才歸化的。原籍印尼的阿宗尼，在東南亞國協會議期間積極穿梭，終於成功爭取到了國協的「肯定台灣與國協友好關係」決議案，使得台灣在近期加入「十加三自由貿易區」的希望大增。

在新生兒人數方面，出現了連續兩年增長，二〇一四年共有二十二萬八千多位新生兒報到。

在國家財政狀況方面，去年政府預算赤字控制在三百億以內，今年預算案上雖然還是編列了九十億左右的赤字，不過一般預料，只要不出現景氣的意外逆轉、不出現重大社會災難，今年決算時，很可能出現睽違已久的預算藍字。

財政部長承認，今年預算歲入部分估計得比較保守，他舉例：只要股票市場每日平均交易量達到九百億，那麼光是超收的證交稅，就能夠打平赤字了。

## 財政改革的關鍵

部長在記者要求下，回顧了這幾年財政改革的過程，他舉出幾項關鍵：

第一、「財政紀律法」止住了無節制的開支。

第二、稅制改革達到了公平合理的目標，不只稅基擴大，減稅特權大幅縮小，而且被要求增加課稅的，都是賺錢的企業或有錢的個人，徵稅目標才有機會全面達成。稅制公平也大幅抵銷了一般民眾對繳稅的不滿與抵抗，有助於增加稅收。

第三、執政黨在二〇〇八年選舉時就提出明確規畫，非但絕不借新債還舊債，而且每年必定提撥大筆金額償付舊債，雖然使得政府施政一度困難拮据，但咬牙挺過之後，不只是國家累積負債開始下降，而且也使利息支出在預算中的比例逐年下降。

第四，二〇〇八北京奧運、二〇一〇上海世博，帶動周遭經濟體貿易活絡，我國政府得以掌握機會，在那兩年都創造了驚人的進出口鉅量，雖然這種一時的效應，並不能眞正使台灣經濟升級，但那兩年的政府收入，卻是不無小補。

不過向來習慣皺緊眉頭的財政部長，還是忍不住又皺著眉頭說：「平衡預算只能算打好了上半場。還有下半場，減少國家總負債，讓我們的子孫鬆一口氣，很難的苦仗要打呢！」

另外有兩項重要法案，在二〇一五年一月一日正式開始實施，值得大家注意。

其中一項是過去在立法院花了六年才終於蝸步完成三讀的「反托辣斯法」。六年時間內，立法院爆發過一波又一波的衝突、對決，財團利益與勞工利益、消費者利益糾結角力，幾乎每一條都動用表決。實施後的「反托辣斯法」將取代過時、溫和的「公平交易法」，取得對於壟斷、惡性競爭等行爲，更大的調查權、更快更果決的威嚇、懲罰的手段。

「反托辣斯法」短期內立即會衝擊的應該是媒體業。好幾個知識論壇早已準備，要用「反托辣斯法」逼迫台灣的媒體集團拆散。媒體集團不只壟斷市場，還藉壟斷市場壟斷言論，這是知識論壇最關心的。爲了應接這種新局面，三大媒體集團最近不約而同在熱門頻道讓出時段，製作文化性、論壇性的節目，而且低調因應「反托辣斯」的種種議題。

另外一個啓動的法案是「特別檢調法」。從今天開始，凡是牽涉中央部會首長以上的官員舞弊、犯罪，傷害公共利益的案子，司法院長得以指定「特別檢察官」獨立指揮警調系統，追查眞相、必要時予以起訴。

台灣的高層官員要更加小心了！美國前總統柯林頓就是在類似的特別獨立檢察官鍥而不捨追查，不得不承認在白宮與實習生陸溫斯基搞七捻三的。如果這個法早通過，那麼也應該不會有十多年前，「三一九槍擊案」最後不了了之，迄今成爲歷史疑案的情況了。

以上就是二〇一五年一月一日的重要新聞。

這或許不是個完美的時代，不過聽起來看起來還蠻讓人放心的，不是嗎？

最後提醒：我們還來得及爲十年後做選擇。

最壞的，還是最好的，不是擲骰子碰運氣來決定的。

要讓「最壞」實現，很容易，只要我們不特別做什麼，一路走去，大概就會走到那條無止盡的倒退的路。反過來，要實現「最好」的時代，我們卻必須從現在就立刻認眞思考、做出決定，而且立刻挽起袖子來，努力打拚。拚了不一定會贏，不拚或太遲才開始拚，卻一定會讓台灣輸得很慘。

台灣眞的走到做關鍵決定的時候了，你選哪一邊？

## 文學叢書

| | | | |
|---|---|---|---|
| 26. | 迷蝶 | 廖咸浩著 | 260 元 |
| 27. | 美麗新世紀 | 廖咸浩著 | 220 元 |
| 28. | 台灣原住民族漢語文學選集──詩歌卷 | 孫大川主編 | 220 元 |
| 29. | 台灣原住民族漢語文學選集──散文卷(上) | 孫大川主編 | 200 元 |
| 30. | 台灣原住民族漢語文學選集──散文卷(下) | 孫大川主編 | 200 元 |
| 31. | 台灣原住民族漢語文學選集──小說卷(上) | 孫大川主編 | 300 元 |
| 32. | 台灣原住民族漢語文學選集──小說卷(下) | 孫大川主編 | 300 元 |
| 33. | 台灣原住民族漢語文學選集──評論卷(上) | 孫大川主編 | 300 元 |
| 34. | 台灣原住民族漢語文學選集──評論卷(下) | 孫大川主編 | 300 元 |
| 35. | 長袍春秋──李敖的文字世界 | 曾遊娜、吳創合著 | 280 元 |
| 36. | 天機 | 履　彊著 | 220 元 |
| 37. | 究極無賴 | 成英姝著 | 200 元 |
| 38. | 遠方 | 駱以軍著 | 290 元 |
| 39. | 學飛的盟盟 | 朱天心著 | 240 元 |
| 40. | 加羅林魚木花開 | 沈花末著 | 200 元 |
| 41. | 最後文告 | 郭　箏著 | 180 元 |
| 42. | 好個翹課天 | 郭　箏著 | 200 元 |
| 43. | 空望 | 劉大任著 | 260 元 |
| 44. | 醜行或浪漫 | 張　煒著 | 300 元 |
| 45. | 出走 | 施逢雨著 | 400 元 |
| 46. | 夜夜夜麻一二 | 紀蔚然著 | 180 元 |
| 47. | 桃之夭夭 | 王安憶著 | 200 元 |
| 48. | 蒙面叢林 | 吳音寧、馬訶士著 | 280 元 |
| 49. | 甕中人 | 伊格言著 | 230 元 |
| 50. | 橋上的孩子 | 陳　雪著 | 200 元 |
| 51. | 獵人們 | 朱天心著 | 即將出版 |
| 52. | 異議分子 | 龔鵬程著 | 380 元 |
| 53. | 布衣生活 | 劉靜娟著 | 230 元 |
| 54. | 玫瑰阿修羅 | 林俊穎著 | 200 元 |
| 55. | 一人漂流 | 阮慶岳著 | 220 元 |
| 56. | 彼岸 | 王孝廉著 | 230 元 |
| 57. | 一個青年小說家的誕生 | 藍博洲著 | 200 元 |

| | | | |
|---|---|---|---|
| 58 | 浮生閒情 | 韓良露著 | 220 元 |
| 59. | 可臨視堡的風鈴 | 夏　菁著 | 280 元 |
| 60. | 比我老的老頭 | 黃永玉著 | 280 元 |
| 61. | 海風野火花 | 楊佳嫻著 | 230 元 |
| 62. | 家住聖・安哈塔村 | 丘彥明著 | 240 元 |
| 63. | 海神家族 | 陳玉慧著 | 320 元 |
| 64. | 慢船去中國——范妮 | 陳丹燕著 | 300 元 |
| 65. | 慢船去中國——簡妮 | 陳丹燕著 | 240 元 |
| 66. | 江山有待 | 履　彊著 | 240 元 |
| 67. | 海枯石 | 李　黎著 | 240 元 |
| 68. | 我們 | 駱以軍著 | 280 元 |
| 69. | 降生十二星座 | 駱以軍著 | 180 元 |
| 70. | 嬉戲 | 紀蔚然著 | 200 元 |
| 71. | 好久不見——家庭三部曲 | 紀蔚然著 | 280 元 |
| 72. | 無傷時代 | 童偉格著 | 260 元 |
| 73. | 冬之物語 | 劉大任著 | 240 元 |
| 74. | 紅色客家庄 | 藍博洲著 | 220 元 |
| 75. | 擦身而過 | 莫　非著 | 180 元 |
| 76. | 蝴蝶 | 陳　雪著 | 200 元 |
| 77. | 夢中情人 | 羅智成著 | 200 元 |
| 78. | 稍縱即逝的印象 | 王聰威著 | 240 元 |
| 79. | 時間歸零 | 林文義著 | 240 元 |
| 80. | 香港的白流蘇 | 于　青著 | 200 元 |
| 81. | 少年軍人的戀情 | 履　彊著 | 200 元 |
| 82. | 閱讀的故事 | 唐　諾著 | 350 元 |
| 83. | 不死的流亡者 | 鄭　義主編 | 450 元 |
| 84. | 荒島遺事 | 鄭鴻生著 | 260 元 |
| 85. | 陳春天 | 陳　雪著 | 280 元 |
| 86. | 重逢——夢裡的人 | 李　喬著 | 280 元 |
| 87. | 母系銀河 | 周芬伶著 | 220 元 |

## 朱西甯 作品集

1. 鐵漿 240 元
2. 八二三注 800 元
3. 破曉時分 300 元

## 王安憶 作品集

1. 米尼 220 元
2. 海上繁華夢 280 元
3. 流逝 260 元
4. 閣樓 220 元

## 楊　照 作品集

1. 為了詩 200 元
2. 我的二十一世紀 220 元
3. 在閱讀的密林中 220 元
4. 問題年代 280 元

## 成英姝 作品集

1. 恐怖偶像劇 220 元
2. 魔術奇花 240 元
3. 似笑那樣遠，如吻這樣近 280 元

## 平　路 作品集

1. 玉米田之死 200 元
2. 五印封緘 220 元

INK PUBLISHING Canon 7

# 十年後的台灣

| | |
|---|---|
| 作　　者 | 楊　照 |
| 總 編 輯 | 初安民 |
| 責任編輯 | 陳思妤 |
| 美術編輯 | 許秋山 |
| 校　　對 | 陳思妤　楊　照 |
| 發 行 人 | 張書銘 |
| 出　　版 | **INK** 印刻出版有限公司<br>台北縣中和市中正路 800 號 13 樓之 3<br>電話： 02-22281626<br>傳真： 02-22281598<br>e-mail:ink.book@msa.hinet.net |
| 法律顧問 | 漢全國際法律事務所<br>林春金律師 |
| 總 經 銷 | 成陽出版股份有限公司<br>訂購電話： 03-3589000<br>訂購傳真： 03-3581688<br>http://www.sudu.cc |
| 郵政劃撥 | 19000691 成陽出版股份有限公司 |
| 門市地址 | 106 台北市新生南路三段 96-4 號 1 樓 |
| 門市電話 | 02-23631407 |
| 印　　刷 | 海王印刷事業股份有限公司 |
| 出版日期 | 2005 年 6 月 初版<br>2005 年 7 月 20 日 初版八刷 |

ISBN 986-7420-66-7

定價　300 元



國家圖書館出版品預行編目資料

十年後的台灣／楊照　著.
－－初版，－－臺北縣中和市： INK 印刻，
2005〔民 94〕面 ；　公分

ISBN 986-7420-66-7（平裝）
1.政治-台灣

573.07　　94006787

INK INK INK INK INK INK INK
INK INK INK INK INK INK
INK INK INK INK INK INK INK
INK INK INK INK INK INK
INK INK INK INK INK INK INK
INK INK INK INK INK INK
INK INK INK INK INK INK INK
INK INK INK INK INK INK
INK INK INK INK INK INK INK
INK INK INK INK INK INK
INK INK INK INK INK INK INK
INK INK INK INK INK INK
INK INK INK INK INK INK INK
INK INK INK INK INK INK
INK INK INK INK INK INK INK
INK INK INK INK INK INK
INK INK INK INK INK INK INK
INK INK INK INK INK INK
INK INK INK INK INK INK INK
INK INK INK INK INK INK
INK INK INK INK INK INK INK
INK INK INK INK INK INK
INK INK INK INK INK INK INK
INK INK INK INK INK INK
INK INK INK INK INK INK INK
INK INK INK INK INK INK
INK INK INK INK INK INK INK